Alexander von Humboldt

Im Ural und Altai

weitsuechtig

Alexander von Humboldt

Im Ural und Altai

ISBN/EAN: 9783943850079

Auflage: 1

Erscheinungsjahr: 2013

Erscheinungsort: Bremen, Deutschland

@ weitsuechtig in Access Verlag GmbH, Fahrenheitstr. 1, 28359 Bremen. Alle Rechte beim Verlag und bei den jeweiligen Lizenzgebern.

Cover: Foto © Stefan Kühn

weitsuechtig

Im Ural und Altai.

Briefwechsel

zwischen

Alexander von Humboldt

und

Graf Georg von Cancrin

aus den Jahren 1827—1832.

Leipzig:

F. A. Brockhaus.

1869.

Im Ural und Altai.

Briefwechsel

zwischen

Alexander von Humboldt

und

Graf Georg von Cancrin

aus den Jahren 1827—1832.

Leipzig:
F. A. Brockhaus.
1869.

Im Ural und Altai.

Mit Vorbehalt aller Rechte gegen unbefugte Benutzung und Uebersetzung.

Vorwort.

In den Tagen, wo sich die gebildete Welt vereinigt, um in der hundertjährigen Humboldt=Feier ein Dankfest der Menschheit zu begehen, mögen die nachfolgenden Blätter Namen in Erinnerung bringen, an welche Humboldt selbst die größten Erfolge seines Lebens geknüpft hat.

Als er im Jahre 1829 auf der asiatischen Seite des Ural seinen sechzigsten Geburtstag feierte, schrieb er dem Grafen Cancrin: „Ihnen verdanke ich es, daß dieses Jahr durch die große Masse von Ideen, die ich auf einem weiten Raume habe sammeln können, mir das wichtigste meines Lebens geworden ist."

Die erste Anregung zu der großen russischen Reise tritt uns in dem Briefe Cancrin's vom 22. October 1827 entgegen, wo er gelegentlich von dem Ural bemerkt, daß derselbe „wohl des Besuches eines großen Naturkundigen werth wäre".

Humboldt erweitert den Plan, indem er am 19. November desselben Jahres antwortet: „Mein heißester Wunsch ist, Ihnen in Rußland selbst meine Aufwartung zu machen.

Der Ural und der nun bald russische Ararat, ja selbst der Baikalsee schweben mir als liebliche Bilder vor."

Unter Anführung dieser Worte legte Graf Cancrin dem Kaiser Nikolaus schon am 25. November den Reiseplan zur Bestätigung vor, welche mit den (in möglichst treuer Uebersetzung wiedergegebenen) Worten erfolgte: „Bei Herrn von Humboldt erst anzufragen, unter welchen Bedingungen er zu kommen wünscht, damit er zufrieden sei."

Ein öffentliches Zeugniß für diese Vorgänge hat Humboldt endlich in den Worten abgelegt, welche die bekannte Beschreibung der „Reise nach dem Ural und Altai" von Gustav Rose einleiten. Sind doch die hier mitgetheilten Briefe gewissermaßen Belegstücke dazu.

In diesem Sinne bedurften die wenigen Blätter denn auch keines beschwerenden Anhanges von Erläuterungen zu der Menge eingestreuter Personen- und Ortsnamen, sowie der vielen einzelnen meist flüchtig berührten Thatsachen. Es genügt der Hinweis auf jenen reichen Schatz vielseitigster Aufzeichnungen. Nur gelegentliche Ausführungen und Nachträge schienen nicht überflüssig.

Ueber die Entstehung der vorliegenden Briefsammlung wäre Folgendes vorauszuschicken.

Cancrin, dem die Entzifferung der sehr unleserlich geschriebenen Humboldt'schen Briefe zu schwer fiel, ließ von denselben Abschriften anfertigen und von denjenigen Briefen, welche ihm für das Finanzministerium in irgendeiner Beziehung wichtig erschienen, die Abschriften zu den Acten legen. Die Originale schenkte er dem Director seiner geheimen Canzlei, einem eifrigen Verehrer Humboldt's, Geheimrath von Kranichfeld, der dem Grafen vom Jahre 1813 an nicht allein durch dienstliche Verhältnisse, sondern auch zugleich als einer seiner vertrautesten Freunde nahe gestanden. Nach dem Tode Kranichfeld's, welcher sich mit dem Gedanken getragen, die Humboldt'schen Briefe herauszugeben, kamen diese mit seinem reichhaltigen literarischen Nachlasse durch seine Erben in den Besitz des Prof. emer. der Universität zu Petersburg, Geheimrath von Schneider, welcher die Herausgabe der Briefe seinem Sohne, Dr. W. von Schneider, überließ.

Als letzterer in Erfahrung gebracht, daß bereits eine actenmäßige Publication der Briefe durch den Beamten des Finanzministeriums, Hofrath F. Russow, vorbereitet werde, vereinigten sich beide zu der vorliegenden Veröffentlichung derselben.

Dadurch, daß der Finanzminister, Herr von Reutern, Exc., in liberalster Weise die Benutzung der Acten zu dem Abdruck der Humboldt-Cancrin'schen Briefe und zu erläuternden Auszügen aus den durch einzelne Briefe veranlaßten Verhandlungen gestattete, ist es möglich geworden, einen bis auf wenige Lücken zusammenhängenden Briefwechsel herzustellen. Ueberdies konnte durch die nochmalige Vergleichung der in den Acten vorhandenen Abschriften mit den Originalbriefen Humboldt's manche bisher unentziffert gebliebene oder misverstandene Stelle ergänzt oder berichtigt werden. Zugleich gewinnen einzelne Briefe durch die beigefügten Actennachweise an Bedeutung und Verständniß.

Die Aufnahme der beiden Briefe an die Gräfin Cancrin und an den Baron Schöler schien wegen des innigen Zusammenhangs mit diesem Briefwechsel gerechtfertigt.

Was die äußere Form der Publication betrifft, so wurde in den Originalbriefen Humboldt's durchweg deren Schreibweise beibehalten; da jedoch die Eigennamen bald französisch, bald deutsch geschrieben, bald in der russischen Form auftreten, so schien die Durchführung einer möglichst gleichmäßigen Schreibweise zur Bequemlichkeit des Lesers geboten. In den bis auf wenige eigenhändige Concepte nur abschriftlich vorhandenen Cancrin'schen Briefen sind die von seiner Hand gemachten Aenderungen und Zusätze an dessen eigenthümlicher Rechtschreibung leicht zu erkennen.

Petersburg, August 1869.

Auszug

aus der Vorrede zur „Mineralogisch=geognostischen Reise nach dem Ural, dem Altai und dem kaspischen Meere" von Gustav Rose (Berlin 1837 und 1842).

(Die eingeschalteten eigenen Worte Alexander von Humboldt's.)

„Ich glaube die Dankbarkeit, die ich dem erhabenen Monarchen, auf dessen Befehl ich die Reise in das asiatische Rußland unternommen und ausgeführt habe, nicht auf eine würdigere Weise an den Tag legen zu können, als indem ich einfach erzähle, was diese Reise veranlaßte und wie edel und freisinnig die Mittel zur Erreichung wissenschaftlicher Zwecke dargeboten wurden. Im Sommer des Jahres 1827, als ich eben erst nach einem langen Aufenthalte in Frankreich in mein Vaterland zurückgekehrt war, wurde ich von dem kaiserlich russischen Staats= und Finanzminister, Herrn Grafen von Cancrin, aufgefordert, ihm meine Ansichten über den Nutzen einer baldigst in Curs zu setzenden Platinmünze aus den Erzeugnissen des Urals und über das gesetzliche Verhältniß des Werthes dieser Münze zu einem der beiden andern edeln Metalle mitzutheilen. (Briefe Nr. 1 und 2.) Ich war schon in früherer Zeit von dem spanischen Gouvernement officiell veranlaßt worden, denselben Gegenstand zu bearbeiten; auch wurde, während des Wiener Congresses, von Privatpersonen den versammelten Monarchen der Antrag gemacht, aus dem amerikanischen

Platin eine in allen Staatskassen anzunehmende Münze schlagen zu lassen. Die Besorgnisse, die ich dem Grafen von Cancrin im Herbste des Jahres 1827 äußerte (Nr. 3), sind (und es ist mir eine besondere Freude, es hier aussprechen zu müssen) durch mehrjährige Erfahrung, bei sehr gemäßigter Emission der Platinmünze und bei der weiten Ausdehnung des Kaiserreichs, nicht gerechtfertigt worden; indessen hatte die freimüthigste Discussion über eine wichtige staatswirthschaftliche Frage nicht das ehrenvolle Vertrauen gemindert, das mir geschenkt war. Kaum hatte ich in dem Laufe jenes Briefwechsels der Hoffnung erwähnt, sobald es meine Lage gestatten würde, auf einer Sommerreise den Ural zu besuchen (Nr. 3), dessen geognostische Constitution gewiß viele Vergleichungspunkte mit der Andeskette von Neugranada darbieten müsse, als ich bereits (unter dem 5/17. December 1827, Nr. 4) durch den Herrn Finanzminister, der unablässig so viele wissenschaftliche Unternehmungen und Institute in das Leben gerufen hat, von den allerhöchsten Befehlen Sr. Maj. des Kaisers Nikolaus in Kenntniß gesetzt wurde, laut deren meine Reise, in größerer Ausdehnung und nach den sorgfältigsten Vorbereitungen, auf alleinige Kosten der Krone ausgeführt werden sollte. Diese Nachricht erweckte in mir auf das lebhafteste die alte angeborene Reiselust. So sehr ich mich aber auch freute, wieder auf einer Landreise einen so großen Erdstrich zu durchwandern, so konnte ich doch wegen des Wunsches, meine öffentlichen Vorlesungen über die physische Weltbeschreibung im Winter und Frühjahr 1828 zu vollenden, nicht sogleich von jenen großartigen, meine Freiheit übrigens auf keine Weise beschränkenden Anerbietungen Gebrauch machen. Die Bitte um Aufschub (Nr. 6) fand leicht Gehör, und der Herr Graf von Cancrin schrieb mir unter dem 8/20. März 1828 (Nr. 7), Se. Kaiserl. Majestät habe durch eigenhändige Confirmation genehmigt, daß es ganz von meinem eigenen Ermessen abhängen solle, die Expedition nach dem Uralgürtel und Tobolsk erst im Jahre 1829 anzutreten und meine gelehrten Freunde die Professoren Ehrenberg und G. Rose als Begleiter mitzubringen (Nr. 7, 16 und 17); auch bleibe mir selbst überlassen, ob ich in den nächstfolgenden Jahren meine Excursionen nach dem Ararat oder andern südlichen Gegenden Rußlands ausdehnen wolle. Für die Sicherheit und Schnelligkeit der zu unternehmenden Reise hatte der Herr Finanzminister mit der zartesten Sorgfalt die zweckmäßigsten Veranstaltungen getroffen. (Nr. 7 und 10.) Ein eigenes mir im Winter 1829 kurz vor meiner Abreise von Berlin zugesandtes Promemoria (Nr. 13) enthielt die Bestimmungen über die für die Expedition bereits ausgefertigten Wagen, über die Zahl der Postpferde auf jeder Station (meist 15 bis 20), über die Wahl eines Feldjägers oder Kuriers, über die geräumigen Wohnungen, die überall in Bereitschaft gehalten werden sollten, über die militärische Bedeckung, wo sie der Grenze nahe erforderlich wäre u. s. w. Ein sehr ausgezeichneter Bergbeamte, zweier Sprachen, der deutschen und französischen, gleich mächtig, sollte uns auf der ganzen Reise begleiten, und ich erfülle eine angenehme Pflicht, indem ich diesem unsern Begleiter, dem Herrn Oberhüttenverwalter, jetzt Berghauptmann von Menschenin, hier den Ausdruck meines Dankes öffentlich erneuere.

Das Promemoria, dessen ich oben erwähnte, schloß mit den denkwürdigen Worten: Es hängt ganz von Ihnen ab, in welchen Richtungen und zu welchem Zwecke Sie diese Reise ausführen wollen; der Wunsch der Regierung ist einzig der, den Wissenschaften förderlich zu sein. Soviel Sie können, werden Sie dabei dem Bergbaue und dem Gewerbfleiße Rußlands Nutzen schaffen. (Nr. 13, Punkt 6.) Solche edle Anerbietungen, und sie wurden alle auf einer langdauernden Reise von 14500 Werst (über 2000 geographische Meilen) erfüllt, darf ich schon deshalb nicht mit Stillschweigen übergehen, weil sie auf eine erfreuliche Art das Zeitalter charakterisiren, in dem wir leben. Die Gunst, welche dem stillen Treiben des einzelnen gespendet wird, strahlt von der Höhe der Wissenschaft auf ihn herab. Sie ist der lebendige Ausdruck der Achtung, die ein mächtiger Monarch dem fortschreitenden Wissen und dem wohlthätigen Einfluß dieses Wissens auf den Wohlstand der Völker schenkt. Unter den mannichfaltigen Zeichen des Wohlwollens, die ich dem Kaiser Nikolaus verdanke, ist es mir besonders wichtig, hier auch des Anerbietens einer neuen Reise zu erwähnen, welches mir unter dem 14/26. Februar 1831, also kaum 16 Monate nach der Rückkehr von dem kaspischen Meere, auf Befehl Sr. Majestät gemacht wurde. Ich sollte die Wahl haben, entweder blos Finnland oder, wenn ich den Süden vorzöge, den Kaukasus zu besuchen. Dieser Befehl, dem ich leider nicht Folge leisten konnte, hat mich von dem Gefühle durchdrungen, daß die Bestrebungen meiner Freunde und die meinigen einer Nachsicht gewürdigt worden sind, auf die wir nur durch die pflichtmäßigste Anstrengung unserer Kräfte einigen Anspruch machen durften."

Inhalt.

		Seite
Vorwort		V
Auszug aus der Vorrede zur „Mineralogisch-geognostischen Reise nach dem Ural, dem Altai und dem kaspischen Meere" von Gustav Rose		IX

Briefe.

C. = Brief des Grafen Cancrin.   H. = Brief Alexander von Humboldt's.   B. A. = Bergdepartements-Acte.   G. R. v. S. = Im Besitz des Geh. Raths von Schneider.

1. C. St. Petersburg, 15. August 1827. Concept mit eigenhändigen Aenderungen. (B.-A. 1829, Nr. 18.) . . . 1
2. C. St. Petersburg, 22. October 1827. Eigenhändiges Concept. (B.-A. 1829, Nr. 18.) 7
3. H. Berlin, 19. November 1827. Das Original von fremder Hand, mit eigenhändigen Aenderungen Humboldt's. G. R. v. S. (In der B.-A. 1859, Nr. 49 der Münzabtheilung, ein umfassender Auszug.) . 9
4. C. St. Petersburg, 5/17. December 1827. Eigenhändiges Concept. (B.-A. 1829, Nr. 18.) 19
5. C. St. Petersburg, 8/20. December 1827. Concept mit eigenhändigen Aenderungen. (B.-A. 1829, Nr. 18.) 22
6. H. Berlin, 26. Februar 1828. Orig. G. R. v. S. (Cop. B.-A. 1828, Nr. 20; 1829, Nr. 18.) 28
7. C. St. Petersburg, 8/20. März 1828. Concept. (B.-A. 1829, Nr. 18.) 32
8. C. St. Petersburg, 25. April / 7. Mai 1828. Copie. (B.-A. 1829, Nr. 18.) 34

XIV

Seite

9. C. St. Petersburg, 5/17. Mai 1828. Copie. (Französisch.) (B.-A. 1829, Nr. 18.) 36
10. C. St. Petersburg, 28. Nov./9. Dec. 1828. Concept. (B.-A. 1829, Nr. 18.) 38
11. H. Berlin, 10. Januar 1829. Orig. G. R. v. S. . . . 40
12. C. St. Petersburg, 18/30. Januar 1829. Copie. (B.-A. 1829, Nr. 18.) 49
13. C. St. Petersburg, 18/30. Januar 1829. Eigenhändiges Concept. (B.-A. 1829, Nr. 18.) . . . 52
14. H. Berlin, 6. Februar 1829. Orig. G. R. v. S. . . . 54
15. C. St. Petersburg, 5/17. Februar 1829. Copie. (B.-A. 1829, Nr. 18.) 56
16. H. Berlin, 25. Februar 1829. Orig. G. R. v. S. . . . 58
17. C. St. Petersburg, 1/13. März 1829. Copie. (B.-A. 1829, Nr. 18.) 61
18. H. Berlin, 6. April 1829. Orig. G. R. v. S. 63
19. H. Moskau, 14/26. Mai 1829. Orig. G. R. v. S. (c. B.-A. 1828, Nr. 20.) 65
20. H. Kasan, 27. Mai 1829. Orig. G. R. v. S. (c. B.-A. 1828, Nr. 20.) 67
21. H. Katharinenburg, 9/21. Juni 1829. Orig. G. R. v. S. (c. B.-A. 1828, Nr. 20.) 69
22. H. Katharinenburg, 5/17. July 1829. Orig. G. R. v. S. (c. B.-A. 1828, Nr. 20.) 73
23. C. St. Petersburg, 19/31. July 1829. Copie. G. R. v. S. 78
24. H. Tobolsk, 11/23. July 1829. Orig. G. R. v. S. (c. B.-A. 1828, Nr. 20.) 81
25. C. St. Petersburg, 6/18. August 1829. Copie. (B.-A. 1829, Nr. 18.) 84
26. H. Omsk, 15/27. August 1829. Orig. G. R. v. S. (c. B.-A. 1828, Nr. 20.) 86
27. H. Slatoust, 29. August a. St. 1829. An die Gräfin Cancrin. Copie. G. R. v. S. 89
28. H. Miask (3/15. September 1829). Orig. G. R. v. S. (c. B.-A. 1828, Nr. 20.) 92
29. H. Orenburg, 14/26. September 1829. Orig. G. R. v. S. (c. B.-A. 1828, Nr. 20.) 96
30. H. Astrachan, 1/13. October 1829. An den Baron von Schöler. Auszug. (c. B.-A. 1828, Nr. 20.) . . 100
31. H. Astrachan, 9/21. October 1829. Orig. G. R. v. S. 103
32. H. Sarepta, 12/24. October 1829. Orig. G. R. v. S. 105

			Seite
33.	H.	Moskau, 24. Oct./5. Nov. 1829. Orig. G. R. v. S.	107
34.	H.	St. Petersburg, 1/13. November 1829. Orig. G. R. v. S.	110
35.	H.	St. Petersburg, 5. November 1829. Orig. (Franz.) G. R. v. S.	112
36.	C.	St. Petersburg, 7/19. November 1829. Copie. (Franz.) (B.=A. 1829, Nr. 18.)	114
37.	H.	St. Petersburg, 5. November 1829. Orig. (B.=A. 1828, Nr. 20.)	115
38.	H.	(Petersburg) ohne Datum. Orig. G. R. v. S.	118
39.	H.	Königsberg, 24. December 1829. Orig. G. R. v. S.	119
40.	H.	Berlin, 1. Januar 1830. Orig. G. R. v. S.	121
41.	H.	Berlin, 3. April 1830. Orig. G. R. v. S.	122
42.	H.	Warschau, 2. Junius n. St. 1830. Orig. G. R. v. S.	128
43.	H.	Berlin, 10. November 1832. Orig. G. R. v. S.	131

Anhang.

I.	Bemerkungen zu dem Briefwechsel über die Platinmünze	137
II.	Bemerkungen zu den Reisebriefen	147
III.	Reiseroute	152
IV.	Anmerkungen	166

Briefe.

1.

(Concept mit eigenhändigen Aenderungen.)

St. Petersburg, 15. August 1827.

Hochwohlgeborener Freiherr,
Hochgeehrtester Herr Geheimerath!

Der weltverbreitete Ruf Ew. Excellenz in allen Zweigen der Naturwissenschaften giebt mir Anlaß, Dieselben in einer wichtigen Sache ergebenst um Rath zu fragen.

Bekanntlich hat der Uralgürtel nun auch einen bedeutenden Schaz an Platina dargeboten. Ich habe 1½ Pfd. derselben Ew. Exc. durch den Herrn Grafen Alopeus übermacht.

Fortgesetzte Versuche haben einige Beamte des mir untergebenen Bergfaches endlich dahin geleitet, die Platina, auf nassem Wege und durch die Kompression, leicht in reiner metallischer Gestalt hämmerbar darzustellen, und es sind schon mancherlei Probemünzen und Medaillen geprägt worden. Das spezifische Gewicht enthält in Münzen 21,6, geschmiedet 21,5.

Der Reichthum des Urals an Platina ist in seinen nördlicheren Theilen nichts weniger als unbedeutend, und noch kürzlich wurde beim Graben des Ziegelthones auf den Demidoff'schen Bergwerken ein gediegenes Stück von $10^{54}/_{96}$ russ. Pfunden gefunden, mit der spezifischen Schwere von etwas über 16.

Doch ist der Absatz sehr schwer, und deswegen wird nur wenig Platina gesucht und gewaschen, und es dürfte noch weiter abkommen.

Dies hat mich auf den Gedanken gebracht, bei uns, wie schon in Columbien im Werke ist, eine Platinamünze zu schlagen; doch mehr eine Luxusmünze mit freiwilligem Umlauf, weil ich glaube, daß auf diese Art manches auch in Europa abgesetzt werden könnte. Technische und ökonomische Schwierigkeiten und Weitläufigkeiten haben sich dabei gar nicht gefunden, aber wohl zwei andere:

1) Die wenige Unterscheidbarkeit der Platina vom Silber für minder geübte Augen.

2) Der unbestimmte Werth des Metalles.

Um den ersten Nachtheil unwirksam zu machen, bin ich auf den Gedanken gekommen, eine Münze zu schlagen, welche gerade das Gewicht des legirten Silberrubels oder halben Silberrubels hätte*) und dabei die Größe des halben oder Viertel-Rubels. Hier spricht sich nun der Unterschied des spezifischen Gewichtes so handgreiflich aus, daß ein Betrug schwer ist. Es sind auch Probestücke von der Größe eines Silberrubels mit doppelter Schwere geprägt worden; sie scheinen aber zu schwer und unbequem. Der Gegenstand des relativen Werthes scheint schwieriger — die Platina hat keine der schönen Eigenschaften von Gold und Silber; die Gegenstände ihres Gebrauches sind nicht viel-

---

*) Das Russische Pfund hat bekanntlich 96 Solotnick, das Solotnick 96 Theile. Der legirte Silberrubel wiegt 4 Solot. $82^{14}/_{25}$ Theile, worin rein Silber 4 Solot. 21 Theile, der Rest Kupfer. Die Probe ist also $88^{1}/_{3}$ Solot. rein Silber im legirten Pfund, oder nahe 14löthig. Das Remedium beträgt 4 Theile, es wird also im Verlauf dieses Schreibens der Silberrubel zu 4 Solot. 82 Theile rund angenommen.

zählig, die Bearbeitung hat ihr Mißliches; eigentlich nothwendig kann sie nicht genannt werden; ihre Menge ist noch wenig bedeutend; es ist also nicht wohl abzusehen, wie sie so leicht einen festen Werth erhalten soll; auch kann dieser nicht sehr hoch sein. Nicht die Seltenheit eines Dinges allein, sondern die eines brauchbaren oder schönen giebt den Werth. Hierzu kommt, daß wohl Silber und Gold hauptsächlich erst durch den allgemeinen Gebrauch zur Münze einen stehenden Welt-Werth bekommen haben und in gewissem Grad ihn dadurch ferner ohne großes Schwanken erhalten.

Ich habe mancherlei Nachrichten über den Werth der Platina aus Frankreich und England zusammenbringen lassen, aus denen man hier hat schließen wollen, daß im Mittel die Unze roher Platina etwa 8 und mehr Franken kostet, die Unze völlig gereinigter aber gegen 32 Franken.

Wäre dem völlig so, so würde es doch zur Bestimmung des Münzwerthes wenig helfen, weil bei vermehrter Metallmenge der Werth fallen muß; doch dünkt mich zugleich, man müsse nicht zu ängstlich dabei sein, weil der einmal angenommene Münzwerth eben dadurch gewissermaßen den Platinawerth selbst fixiren, wenigstens allmählig zu einer näheren Bestimmung leiten dürfte.

Aus der Columbischen Verordnung vom 29. April 1826 erhellt, daß dort große Schwierigkeiten wegen der Bearbeitung der Platina selbst obwalten. Die Münze ist zu 1 Kastilische Unze Platina (man hat diese Unze hier zu 6,744 Solotnick berechnet, wenn solches anders richtig) angenommen, deren Werth sechs harte Piaster Silber betragen soll. Dies scheint vom Verkaufswerth in Paris abstrahirt und würde, nach unserer Berechnung, zum reinen Silber das Verhältniß wie 5,067 zu 1, oder nahe 5 zu 1 geben.

Zu dem Verhältniß von 5 zu 1 würde ein russisches Platina-Stück von 4 Sol. 82$^{14}/_{25}$ Th., den Bruch abgeschnitten, den Werth von 582½ Cop. Silber geben, weil das Gewicht gleich dem des legirten Silber-Rubels angenommen ist.

Soll nun dieses Stück den Werth von 6 Rubel Silber bekommen, so könnte man also 17½ Copeken Schlagschatz hinzufügen, der hier wohl zulässig und auch nöthig ist, weil die Arbeit mehr kostet, wie bei Gold und Silber. Da indessen eine Münze von 6 Rubel nicht wohl in unser Münzsystem paßt, weil es dezimal, so könten aus den 4 S. 82 Th. zwei Stükke jedes von 2 S. 41 Th. geschlagen werden, deren jedes den Werth von 3 Rubel erhielte, also dem Dukaten entspräche, der genau 2 Rbl. 85 Kop. gilt, aber im gemeinen Leben zu 3 Rubel Silber angenommen wird.

Würde dies Verhältniß zu hoch befunden und z. B. das von 4¼ zu 1 angenommen, so gälte das Stük von Rubelgewicht 488 Cop. S. also mit einem Schlagschaz von 12 Kopeken, 500 Kop., man würde also 5 Rubelstükke zu 4 Sol. 82 Th. prägen müssen.

Noch muß ich bemerken, daß nach der bisherigen Erfahrung das Solotnick Platina mit Waschkosten, Reinigung und Abgang, malleabel und münzbar etwa zu 2 Rubel 50 Copeken in Papier oder rund etwa zu 67 Cop. Silber angeschlagen wird; also kosten 4 Solot. 82 Theile, 385 Copeken Silber, das übrige bliebe Berg-Gewinn. Doch könnten die Kosten größer werden und es dürfte nicht rathsam sein, ein zu geringes Verhältniß aufzustellen. Zu stark darf es aber auch nicht sein, weil bei dieser Münze wohl auf den Gebrauch zur Verarbeitung mit zu rechnen ist.

Nach diesen Erläuterungen komme ich zur Hauptsache,

Ew. Hochw. angelegentlichst zu bitten, mir gefälligst Ihre Meinung in dieser Sache, sowohl wegen der Größe der Stücke, als besonders dem gerathendsten Verhältniß der Platina zum Silber mittheilen zu wollen.

Ferner erinnere ich, daß im Fall eine Platinamünze geschlagen würde, die Absicht ist, den Eigenthümern der rohen Platina so viel in Münze zurückzugeben, als ihnen nach Abziehung des Verlustes, der Raffinirungs=Kosten und des Schlagschatzes zukömmt, weil der Staat dabei nicht direkt gewinnen soll, außer an seiner eigenen Platina.

Ich füge einige Präg=Stücke aus Platina bei, die auf willkührliche Stempel geschlagen sind, nämlich:

Nr. 1. Ein Platina=Stück auf den Stempel des Rubels. Gewicht 8 Sol. 42 Th., also noch mehr wie das in Columbien zu einer Unze projektirte Stük.

Nr. 2. Ein Platina=Stück auf den Stempel des halben Rubels. Gewicht des legirten Silber=Rubels 4 Sol. 82 Th., welches zur Proportion von $4^1/_4$, 5 Rubel Silber gelten würde.

Nr. 3. Ein neuer silberner halber Rubel zur Vergleichung.

Nr. 4. Ein Platina=Stück vom Gewicht eines halben Rubels 2 Sol. $41^7/_{25}$ Th., von der Größe eines neuen Viertel=Rubels, welches zur Proportion von 5, 3 Rubel S. gelten würde.

Nr. 5. Ein neuer Viertel=Rubel zur Vergleichung.

Nr. 6. Die Medaille auf die Einnahme von Paris.

Nr. 7. Eine dünne Platte mit dem Bildniß Sr. M. des Kaisers.

Nr. 8. Die große Krönungsmedaille.

Doch werden diese Stükke besonders mit erster Gelegenheit abgefertigt werden.

Was übrigens den Stempel für die etwanige Platina=
münze betrifft, so wird solcher ganz verschieden vom Silber=
stempel gewählt werden.

Schließlich muß ich Ew. Exzellenz um Verzeihung bitten, sowohl wegen der Unbescheidenheit, Ihnen Mühe zu machen, als wegen der Mängel, die dieses Schreiben in gelehrten Augen haben mag, da es blos von mir selbst, als Dilettant kompilirt worden.

Sollte ich Ew. Exzellenz mit irgend Nachrichten über das russische Bergwesen dienen können, so würde ich es mir zur besonderen Angelegenheit machen. Schade, daß unser in russischer Sprache herauskommendes Bergjournal so Wenigen im Auslande zugänglich ist; es enthält viele interessante Nachrichten über die unermeßlichen nordischen Räume. Ich schicke es deswegen nicht.

Ich habe die Ehre mit vollkommener Hochachtung und inniger Würdigung zu sein

C.

An den Königl. Preuß. Kammerherrn,
Baron von Humboldt, Hochwohlgeboren.

2.

(Eigenhändiges Concept.)

St. Petersburg, 22. October 1827.

Hochwohlgeborener Freiherr,
Hochgeehrtester Herr Geheimerath!

Der Flügeladjutant Graf Strogonof hat mir geäußert, daß Exzellenz über folgende Umstände wegen der uralschen Platina nähere Auskunft wünschen:

1) Wie viel Platina vorräthig?

2) Wie hoch sich weiterhin die jährliche Gewinnung belaufen könnte?

Ich habe die Ehre hierauf folgendes zu antworten:

ad 1) Der Vorrath an Platina, die dem Staat gehört, beträgt nur 15 Pud, bei Privatpersonen dürften sich etwa auch 15 Pud vorfinden, zusammen 30 Pud oder 1200 russ. Pfunde.

ad 2) Die Privaten betreiben das Waschen der Platina nur schwach, da der Verkauf des Metalles so schlecht geht; wäre dies nicht, so könnte viel mehr verarbeitet werden. Es läßt sich nicht bestimmen, wie viel in Zukunft jährlich gewonnen werden kann und ob beständig. Doch ist zu bemerken, daß nach Analogie der Goldsände ein baldiges und gänzliches Aufhören des Platinasandes nicht zu drohen scheint. Ebenso wenig dürfte ein zu großer Ueberfluß zu befürchten stehen, und dürfte die Gewinnung nicht leicht bis 100 Pud im Jahr steigen. Der allzu großen Gewinnung dürfte auch der eigene Vortheil der Bergwerksbesizzer entgegenstehen, da sie ihre Platina gemünzt zurükerhalten sollen; also wenn der Preis fallen sollte, wohl selbst mit der Arbeit anhalten würden. Uebrigens ist allerdings nicht vorauszusehen, welchen Kurs die Platinamünze im Publikum nehmen dürfte, und bliebe dann übrig ihren Werth zu erhöhen, oder zu erniedrigen, da überhaupt vorerst keine andere Münze zu erwarten steht als eine Handelsmünze.

Noch bemerke ich, daß die Platina bis jetzt hauptsächlich nur an zwei Orten gewonnen wird und zwar jenseits des Urals, der wohl des Besuches eines großen Naturkundigen werth wäre.

Diese Orte sind der Goroblagodatsche Krons-Bergbezirk auf dem Kuschwinskischen Bergwerk, und der Nischne-Tagilskische, dem in Florenz lebenden Hrn. Geheimenrath Demidof gehörig. Diese beiden Orte liegen nicht gar weit voneinander. Auf letzterem, im Ziegelthon, ist das Stük gediegene Platina gefunden worden, welches 10 Pfund wiegt und von Herrn von Demidof Sr. Majestät verehrt worden und von dem ich eine nähere Beschreibung in russischer Sprache beilege.

Ich habe die Ehre mit vollkommener Hochachtung zu sein

Ew. Exzellenz

C.

3.

Berlin, 19. November 1827.

Hochwohlgebohrener Freiherr!
Hochzuverehrender Herr Finanz-Minister!

Euer Excellenz haben mir durch Ihre gewogentlichen zwei Schreiben vom 27. August und 22. Oktober dieses Jahres einen so schmeichelhaften Beweis Ihres Vertrauens gegeben, daß es zuerst meine Pflicht ist, Ihnen meinen gehorsamsten Dank dafür auszudrüken.

Die Klarheit, die sich, mit so vielem Talente verbunden, in Ihrer Schrift über einen wichtigen Theil der Staatswirthschaft ausspricht, findet sich wieder in der Darstellung der neuen Verhältnisse des Bergbaues und des Münzwesens, welche die Entdekungen im Uralgebirge für Ihr großes Reich herbeiführen.

Ich kann Ew. Exc. nur beipflichten in dem Wunsche, jenen Reichthum von Platina, mit dem die Vorsehung den Russischen Staat beglükt hat, nutzbarer für die arbeitende Menschen-Klasse und für das Handels-Verkehr der Völker zu machen. Ich kan nur beipflichten in dem, auf weise Vorsicht gegründeten Entschlusse, der neuen Platina-Münze einen freiwilligen Umlauf, gleichsam als Luxus-Münze anzuweisen.

Ist aber auch der Umlauf freiwillig unter Privat=

personen, so wird die Platina=Münze doch wohl in den Kaiserlichen Kassen angenommen werden müssen, und zwar, nach einem bestimmten Verhältnis zum Silber=Werthe, über den Euer Exc. erstes Schreiben eine sehr gründliche Unter=suchung enthält.

Wenn ich so lange angestanden habe, mich über diesen wichtigen Gegenstand bestimmt gegen einen Staatsmann zu äußern, so ist es nur darum geschehen, um die Zeit zu ge=winnen, in Frankreich und England bei Südamerikanischen Freunden einige sichere Notizen über das Platina=Verkehr zu erhalten. Leider! findet es sich (und dieser Punct wird Ew. Exc. sehr wichtig in Staatswirthschaftlicher Hinsicht erscheinen), leider findet es sich, daß die Preise der ver=arbeiteten Platina in Tiegeln, Abdampf=Schaalen, Retorten und gestrekten Blechen, noch immer ungemein schwankend sind; so kostete in Paris:

			Preuß. Court.
1822.	Das Loth verarbeiteter Platina	Rthlr.	3.
1823.	Das Loth dergl.	„	4—4⅚.
1824.	Das Loth, im Januar und März	„	4⅓.
	im Julius u. August	„	5⅓.
	im December . . .	„	7.
1825.	Das Loth, im Februar u. März	„	7—7⅛.
	im Julius . . .	„	6.
	im December, und überaus sparsam .	„	8.
1826.	Das Loth, Mittelpreis des gan=zen Jahrs . . .	„	6½—7.
1827.	Das Loth, im Januar — März	„	6½.
	im Oktober . . .	„	5—5½.

Bei diesen Preisen muß noch bemerkt werden, daß die Verarbeitung, besonders in runden Gefäßen wenig Vor=

theil bringt; daß Hr. Breant aber, der in der Reinigung der Platina glüklicher als irgend ein andrer Chemiker zu seyn scheint, das verarbeitete Metall meist 8—10 Procent wohlfeiler, als die obigen Angaben, dem Publikum geliefert hat.

Da Ew. Exc. gewiß freimüthige Aeußerungen über die vorgelegte Frage von mir erwarten, so muß ich mich dahin aussprechen, daß jegliche Anwendung der Platina als Münze, mir noch immer bedenklich vorkommt. Es ist Ihnen vielleicht bekannt, daß gleich nach meiner Rükkunft von Mexico, ich officiell veranlaßt wurde, mich eben so negativ gegen das Spanische Gouvernement zu äußern, welches damals den oft geschehenen Vorschlag, Platina, als eine Provinzial=Münze in den Spanischen Colonien in Umlauf zu setzen, ernsthaft in Ausführung bringen wollte. Zur Zeit des Wiener Congresses hat Dr. Bollmann, der in Colombia gestorben ist, die verbündeten Mächte bewegen wollen, den Werth einer Platina=Münze, nach einer gemeinschaftlichen Berathung, anzuerkennen. Aus einem Briefe, welchen mir der General Bolivar, vor seinem Feldzuge in Peru schrieb, ersehe ich, daß es ebenfalls auf Dr. Bollmanns Vorschlag geschah, daß die Republik Colombia den Vorsatz gefaßt hatte, aus der Platina des Choco eine Provinzial=Münze zu prägen.

Mit den 10,800 Mark Goldes, welche die Goldwäschereyen zwischen den Quellen des Atrato und Rio St. Juan liefern, findet sich eine beträchtliche Quantität Platina=Sand, deren Exportation meist auf Schleichwegen geschehen ist. Diese Exportation ward neuerlichst durch das Gouvernement von Colombia auf das strengste gehindert, so daß, bey dem Sinken der Platina=Preise in Colombia, bey dem geringen Werthe, der dem Metalle in den Kassen der

Republic gegeben wird, die Eigenthümer der Gold= und Platina=Wäschereyen in Choco und Barbacoas wenig Aufmunterung gefunden haben, Platina sorgfältig zu sammeln. Wenn gleich die gewöhnlichen Wäschereyen nur 5—8 Procent der Gold=Menge in roher Platina geben, so finden sich auch Lavaderos, wie die von St. Lucia und Tabo, welche der reichen Donna Petronilla Castro gehören, und aus denen man 2/3 Platina= und 1/3 Gold=Sand erhält. So hat also jenes strenge Verbot der Ausfuhr der colombischen Platina von Choco und Barbacoas, die Preise in Europa beträchtlich erhöhet und erst die Entdekungen im Ural=Gebirge sind dazu geeignet gewesen, die Preise aufs neue herabzusetzen. Diese Thatsachen lehren daher, daß es von den Einwohnern der westlichen Provinzen von Colombia abhängen wird, wenn sie sich irgends dazu angereizt fühlen, die Platina=Massa in Europa ansehnlich zu vermehren, und vorzüglich diejenigen Lavaderos zu bearbeiten, welche am ergiebigsten an Platina sind. Nicht die Schwierigkeit die Platina zu reinigen (denn die Stadt Bogota besitzt gegenwärtig einen talentvollen französischen Chemiker Hrn. Boussingault, der sich schon vor seiner Reise mit diesem Metall beschäftiget hatte) ist die Ursache gewesen, warum die Colombische Platina=Münze nicht hat zu Stande kommen können; meine amerikanischen Freunde melden mir, das Project sey darum aufgegeben, weil man Schwierigkeiten bey den benachbarten Staaten finden würde.

Das Verkehr der Völker ist gegenwärtig in beiden Welttheilen so lebhaft, daß es im strengsten Sinne des Worts, nicht mehr eine Provinzial=Münze geben kan. Ein fast unermeßliches Reich wie dasjenige, welches sich der staatswirthschaftlichen Thätigkeit Ew. Exc. erfreut, scheint freilich, mehr als irgend ein anderes dazu geeignet zu seyn,

Versuche mit einer Provinzial=Münze zu machen; aber welches Land ist jetzt ganz inselförmig abgeschnitten? Wird das so schwer zu bestimmende Verhältnis zwischen Platina und Silber, nicht von den andern Ost=See=Ländern, von Holland, England und Frankreich anerkannt, so ist es schwer, im Innern von Rußland, der Münze einen Umlauf nach fixen Preisen zu verschaffen.

Die Besorgnisse, welche Ew. Exc. selbst berühren, werden bey mir noch durch folgende Betrachtungen vermehrt: In dem gegenwärtigen Zustande der Bergwerke des Urals wurde der Totalgewinn zu 100 Pud Platina jährlich angeschlagen, welche (die Mark Platina zu 5,14 = 70 Rthlr. gerechnet) nur 489,000 Rthlr. betragen. Jede Möglichkeit einer Verwirrung im Russischen Münz=wesen möchte daher um so schmerzhafter seyn, als der Staat sich derselben, ich sage nicht, für einen so geringen Gewinn, sondern, für ein so geringes Quantum der Platina=Münze, aussetzen würde.

Wenn es so schwer ist, nach Jahrtausenden ein neues Metall, als Repräsentant und bequemes Umtauschemittel, allgemein geltend zu machen, so liegt der Grund davon wohl nicht allein in der Nothwendigkeit, die Gewohnheit der Völker zu besiegen, sondern mehr noch in dem Um=stande, daß Gold und Silber den ausgebreitetsten Gebrauch, auch außer dem Münzwesen, haben. Ich glaube zwar nicht, wie der Verfasser des Present state of England Hr. Lowe sich neuerlichst zu erweisen bemühte, daß die Fabrikation von Gold= und Silber=Gefäßen jährlich mehr von dem Ertrage der Bergwerke in beiden Metallen ab=sorbiren, als die Münze; aber es läßt sich erweisen, daß diese Verwendung überaus beträchtlich ist.

Sobald die Bergwerke des ehemaligen Spanischen Ame=

rika's wieder in dem Zustande seyn werden, als ich sie 1805 verließ, so wird sich (da der Ural das in Brasilien fehlende Gold reichlich ersezt) der jährliche Ertrag der Amerikanischen, Europäischen und Sibirischen Bergwerke zu 870,000 Klg. Silber (Werth 193 Millionen Francs) und 17,300 Klg. Gold (Werth 59½ Mill. Francs) erheben.

Nach dieser Evaluation wird die relative Menge beider Metalle (die von der commerciellen sehr verschieden ist) das Verhältnis wie 1 zu 50, und nicht von 1 zu 68 zeigen, wie in dem berühmten Bullion Raport behauptet worden ist.

Die Goldschmiede verarbeiten, nach den Untersuchungen des Präfecten von Paris (Grafen von Chabrol) in Frankreich jährlich auf das mindeste 2300 Klg. Gold und 62,300 Klg. Silber, so daß (wie ich glaube in der lezten Ausgabe meines Essai politique sur le Royaume de la Nouvelle Espagne 1827. Th. 3, Pag. 464, wahrscheinlich gemacht zu haben) ganz Europa jährlich in Fabrikation von Goldschmiede-Arbeit 9200 Klg. Gold und 250,000 Klg. Silber (zusammen an Werth 87 Millionen Francs) bedarf.

Ew. Exc. erinnern sich, daß nach Neckers Untersuchungen in der Fabrikation von goldenen und silbernen Gefäßen, Tressen ꝛc. das neu hinzugefügte Metall die Hälfte des Ganzen beträgt. Diese Betrachtung führt auf das Resultat, daß die Gold- und Silberarbeiter in Europa, als neuen Zusaz zu ihren Fabrikationen, fast ⅕ des jährlich aus den amerikanischen, europäischen und sibirischen Bergwerken geförderten Goldes und Silbers (an Werth über 44 Millionen Francs) verwenden.

Wie unbeträchtlich ist, im Vergleich mit diesen ältern

Metallen, die Anwendung der Platina in Gefäßen; wie wenig ist zu hoffen, daß bey der kalten, ungefälligen Farbe des Metalls, die Nachfrage nach der Platina, troz seiner übrigen herrlichen Eigenschaften, als Mode=Artikel steigen werde. Diese geringe Anwendbarkeit, außer der Münze, läßt die Preise zu 30 und 40 Procent schwanken, wenn auf die Marktplätze von Europa auch nur sehr geringe Quantitäten aus Colombia, Brasilien und dem Ural gebracht werden. Das Sinken der Preise, dessen Grenze leider nicht von dem Staatsmanne mit Sicherheit vorhergesehen werden kan, wird noch beträchtlich zunehmen, wenn der Werth der neuen Platina=Münze den Besitzern von Schwefelsäure=Fabriken Vortheil versprechen ließe, ihre großen Abdampfe=Schaalen (von den einzelne über 4000 Rthlr. werth sind, und die oft bey wohlfeilen Markt=Preisen der Platina erlangt worden sind) einzuschmelzen und in Umlauf zu bringen. Ich zweifle daher, daß es möglich seyn werde, einen festen Werth, oder wenigstens ein Oscilliren zwischen engen Grenzen zu erwarten, da die Verwendung dieses Metalls so beschränkt ist. Sollte auch einst, wie es sehr wahrscheinlich ist, die freiere, thätigere und verständigere Bearbeitung der Südamerikanischen Bergwerke das jährliche Ausbringen des Goldes und Silbers so beträchtlich vermehren, daß daraus eine Verminderung des Werthes dieser Metalle, als allgemeine Austauschungs=Zeichen entstände, so würde doch diese Verminderung bald ihre Grenzen erreichen in der, gleichzeitig sich gewiß auch vermehrenden, anderweitigen Anwendung von Gold und Silber. Diese Grenze des sinkenden Werthes, diese Herstellung des Gleichgewichts, wird die Platina, fürchte ich, nie erreichen. In großer Massa erzeugt und vermünzt, von der fabrikartigen Anwendung fast gänzlich ausgeschlossen, würde die

Platina, als Münze in einem Staate angehäuft, ein schweres, unbequemes Papiergeld werden, und der so wohlthätig beabsichtigte Zwek, den Besitzern der Bergwerke dadurch zu nützen, daß man ihnen für das rohe Erzeugnis Platina=Münze (durch einen möglichst geringen Schlage-Schatz im Werthe erhöht) lieferte, würde dann gänzlich verfehlt.

Die Russische Platina=Münze wird den Preis der Platina auf dem Weltmarkte allerdings modificiren, sie kan ihn aber nicht wesentlich bestimmen und beherrschen. Diese Bestimmung hängt von der Nachfrage und dem Verhältnisse des Zuflusses ab. Insoferne daher die handelnde Welt Zahlungen in Rußland mit Platina leisten kan, wird das Verhältnis dieser Zahlungen den Preis der Platina auf dem Weltmarkte bestimmen. Sinkt aber die Nachfrage, so wird leider der Preis auch sinken, für den Rußland das neue Metall in Umlauf gebracht hat.

Außerdem bemerke ich noch, daß Stüke von der Größe eines Silber=Rubels, deren Werth $5^{82}/_{100}$ Silber=Rubel betrüge, wohl für das europäische Verkehr zu beträchtlich und zu schwer seyn möchten, um in das Verkehr der Völker einzugreifen. Wollte man aber so kleine Münzen aus Platina schlagen, daß sie den bestehenden und üblichen an Werth gleich kämen, so würden sie unbequem und dem Verliehren gar zu leicht ausgesezt seyn. Die Verfälschung, oder vielmehr Verwechslung mit gleich großen Silbermünzen, wäre für das gemeine Volk leider nur zu leicht, da so kleine Stüke nicht immer von neuem gewogen werden können. Das End=Resultat dieser Betrachtungen, welche wenig neues enthalten, ist Vermehrung der Besorgnisse, welche ich schon vor vielen Jahren dem Spanischen Gouvernement geäußert habe.

17

Die so herrlich geprägten Platina-Stüke, welche ich der Gewogenheit Euer Exc. verdanke, und die die Bewunderung des Königs und aller Münzverständigen mit Recht auf sich gezogen haben, beweisen, daß man in Petersburg mehr als in irgend einem andern Lande, die technischen Schwierigkeiten in Reinigung und Bearbeitung der Platina überwunden hat.

Wenn ich daher nicht geneigt scheine, eine eigentliche Münze, welche in Kaiserliche Kassen angenommen würde, anzurathen, so bin ich doch darinn ganz mit Ihnen einverstanden, daß der Staat die bergmännische Gewinnung des Metalls in dem schönen Ural-Gebirge in so ferne belebte, als er eine große Zahl von Denkmünzen und Ehrenmedaillen prägen ließe, welche an die Stelle der Ehrenzeichen von Gold und Silber treten könnten.

Vielleicht würden Ew. Exc. vorschlagen, daß künftig auch die Ordenskreuze, wie die von des Kaisers Majestät fremden und innländischen Gelehrten und Künstlern so oft verliehene Geschenke, statt der Ringe und Dosen, in Denkmünzen von Platina, zur Verherrlichung der vaterländischen Geschichte, beständen.

Diese Anwendung eines so herrlichen und nun innländischen Metalls würde, bey der Bevölkerung des Russischen Reiches und bey der grosartigen Munificenz des Russischen Monarchen, die sich bis auf Belohnung fremder Seeleute erstrekt, leicht den gegenwärtigen Platina-Ertrag absorbiren, ohne Verwirrung oder Verlust im eigentlichen Münzverkehr veranlassen zu können.

Ich hoffe, die erste Muße, welche mir geschenkt wird, dahin anzuwenden, mich mit der Russischen Sprache genauer bekannt zu machen, um das neu herausgekommene bergmännische Journal, welches so viele interessante No-

tizen enthält, benutzen zu können. Für jetzt danke ich noch
Ew. Exc. ganz gehorsamst für die interessante Beschreibung
des kolossalen Platinastüks von 10 Pfund, welches die
Aufmerksamkeit aller Naturforscher mit Recht auf sich zieht.

Ich habe die Ehre mit der innigsten Verehrung zu seyn

Euer Exc.

gehorsamster
Alexander Humboldt.

(Eigenhändige Nachschrift.)

Wenn ich mich einer andern Hand bediene, so ist es,
um Ew. Exc. bei Ihren überhäuften Geschäften nicht durch
Unleserlichkeit meiner deutschen Handschrift, lästig zu fallen.
Monathe langes Schlafen auf einem Lager faulender Blätter
in den Wäldern des Obern Orinoco, hat mir einen bösen
Rheumatismus im Arme zugezogen. Mein heißester Wunsch
ist, Ihnen in Rußland selbst meine Aufwartung zu machen.
Der Ural und der nun bald Russische Ararat, ja selbst der
Batkal-See schweben mir als liebliche Bilder vor.

(Beigefügter Zettel.)

Ew. Excellenz beehren mich mit einem Titel, der mir
nicht zukommt. Ich bin nicht Geheimer Rath, habe meine
Lage als Gelehrter gar nicht geändert und werde durch das
persönliche gnädige Vertrauen des Königs, ohne bestimmte
Anstellung über Gegenstände der Wissenschaften, Künste,
Manufacturen und Handlung von Zeit zu Zeit consultirt.

Al. Humboldt.

4.

(Eigenhändiges Concept.)

St. Petersburg, 5/17. December 1827.

Hochwohlgeborener,
Hochgeehrtester Herr Baron!

Außer meinem heutigen Schreiben wegen der Platina= münze mache ich es mir zur angenehmen Pflicht mich mit Ew. Hochwohlgeboren über einen anderen Gegenstand zu unterhalten.

Ich habe vorläufig Sr. Majestät unserm hochherzigen Kaiser vorgetragen, daß Ew. Hochwohlgeboren nicht unge= neigt sind eine gelehrte Reise nach unsrem Osten zu unter= nehmen. Der Monarch wünscht es, da der Gewinn für die Wissenschaft und das Reich nur sehr groß sein kann.

Um also die Sache kurz als Geschäftsmann einzuleiten, ersuche ich Ew. Hochwohlgeboren mir gefälligst und freund= schaftlich und gerade Ihre Meinung über die zu einer solchen Reise erforderlichen Hülfsmittel besonders pekuniärer Natur mitzutheilen. Ew. Hochwohlgeboren können dabei versichert sein, daß der Kaiser gern die einem so wichtigen und schweren Zwek verhältnißmäßigen Mittel freigebig bewilligen wird. Sie werden mir dabei einige Privat= bemerkungen erlauben.

Der Uralgürtel ist voraus erst das wichtigste, dann, wenn es sein kann, das Kolivansche Erzgebürge. Der

Ararat ist auch sehr merkwürdig, nicht weniger die sibirischen Gebürge und ihr Baikal; doch beide liegen entfernter.

Das Reisen ist in Rußland schnell und leicht und im höchsten Grad sicher, doch außer den Städten und dem Weg nach Moskau muß man auf eigenen Tisch gefaßt sein, also einen Koch mit sich haben. Darauf müssen sich Ew. Hochwohlgeboren einrichten. Theuer ist es nicht. Dazu wird Ihnen eine Reisekalesche und eine Britschka (polnischer Federwagen) nöthig sein, den ich hier bestellen würde, denn auf ausländisches Fuhrwerk ist hier im Lande nicht zu rechnen, und nichts gleicht an Dauer und Schönheit mit der hiesigen Arbeit. Auf gar zu vieles Gepäk wäre sich nicht einzurichten, doch müßten Ew. Hochwohlgeboren die hauptsächlichsten Instrumente mit sich führen, oder hier anschaffen. Im Innern werden sie nicht immer anzutreffen sein. Ich werde Ew. Hochwohlgeboren von hier aus einen in Sprachen bewanderten Bergbeamten als Uebersezzer und Arbeitsgehülfen mitgeben, und einen Courier zur Bestellung der Pferde, Verschikkungen u. dgl. Dieser Beamte würde die eigentlichen Postgelder auf Rechnung der Krone bestreiten, die zwar nicht hoch sind, aber kleinliche Quälerei machen. Am allerbesten wäre es, wenn Ew. Hochwohlgeboren zum nächsten 1. Mai hier sein könnten, denn im Winter ist nichts zu sehen. An Vorschriften an die Gouverneure und Bergbehörden zu bester Aufnahme und nöthiger Beihülfe, auch Quartieranweisung auf den Bergwerken soll es nicht fehlen. Die in Rußland herrschende Gastfreiheit und die vielen Personen, welche französisch oder deutsch sprechen (lezteres gar viele Bergbeamte), werden nicht selten für die Beschwerden der Reise entschädigen. Dem Zoll wird vorgeschrieben werden Ihren Eintritt in Rußland nicht zu erschweren. Bis Narwa spricht man deutsch und von da geht es leicht nach Petersburg. Den Weg durch Polen würde ich etwa bei der Rükreise anrathen.

Ich brauche nicht anzuführen, daß Ew. Hochwohlgeboren in ehrenvollen Hinsichten gewiß eine würdige Anerkennung finden werden. Gelegentlich bemerke ich, daß der Fehler in der Form meiner früheren Briefe nicht meine Schuld ist; ich hatte mich in der Kanzlei der K. Preußischen Gesandtschaft erkundigen lassen.

In Erwartung baldgefälligster Antwort, habe ich die Ehre mit vollkomner Hochachtung zu sein

Ew. Hochwohlgeboren

C.

P. S. Ich habe den anfangs erwähnten Brief zur nächsten Post verschoben, weil ich neuere Nachrichten aus London erhalten habe. —

5.

(Concept mit eigen-
händigen Aenderungen.)

St. Petersburg, 8/20. December 1827.

Hochwohlgeborener,
Hochgeehrtester Freiherr!

Ich habe mit großem Bedacht das interessante Schreiben Ew. Hochwohlgeboren vom 19. November n. St., über den Gebrauch der Platina als Münzmetall gelesen und wieder gelesen. Sie halten die Einführung einer Platina=münze aus vielen Gründen für bedenklich und besonders aus folgenden:

1) Der chemischen Vortrefflichkeit der Platina entsprechen keineswegs ihre übrigen Eigenschaften, es ist ein, nur in wenig Fällen nützliches, in keinem ein schönes Metall; sein Verbrauch wird außerdem nie sehr ausgebreitet werden. Es wird nie Gold= und Silbernatur erhalten, das heißt, nie eine immer an sich verkaufte Waare höherer Kathegorie sein, sondern nur gemeinen Waarencharakter behalten, wo erst der Käufer gesucht und oft sehr gesucht werden muß und sehr große Preisverringerungen stattfinden können.

2) Eine erhöhte Platinagewinnung in Choco kann den Preis sehr herabdrücken. Im guten Fall wird man die Münze einschmelzen.

3) Der Werth, den Rußland der Platina giebt, wird zwar etwas auf den Weltmarkt wirken, aber nicht genug, um dem Metall einen hinlänglich festen Preis zu geben. Eine Provinzialmünze kann aber nicht wohl bestehen, selbst in einem sehr großen Reiche.

4) Die Folge von allem dem wird sein, daß die Platinamünze sehr entwerthet werden kann, daß sie alsdann, wenn sie auch in Europa sich verbreitet hätte, wieder nach Rußland zurückströmt und dem Staate und den Privaten Verluste verursacht.

5) Die Verwechslung mit Silber ist zu leicht für den gemeinen Mann.

6) Außerdem ist ein Stük von 5 Rubel zu groß.

7) Es wäre also die Platina hauptsächlich zu Denkmünzen zu verbrauchen.

Mit derselben Freimüthigkeit, für die ich Ew. Hochwohlgeboren so sehr danke, und im vollen Gefühl des Gewichts dieser Gründe, gestehe ich dennoch, daß ich noch nicht ganz von der Unpaßlichkeit einer Platinamünze überzeugt bin, und zwar aus folgenden Erwägungen.

a. Meine Absicht war, die Probe einer Luxusmünze zu machen und sie nur stufenweise zu vermehren. Der mögliche Verlust würde also nicht sehr bedeutend sein, und am wenigsten auf den Staat fallen (wenn dies übrigens ein Grund sein darf), weil er nicht gar viel Platina ausbeutet. Bei Privaten hängt es aber von ihrem eigenen Willen ab, ihre Platina in Münze zu verwandeln.

b. Doch könnte man einwenden, mit der Zeit häufe sich das Platina=Kapital und nun könnten große Verluste entstehen. Hierauf bemerke ich:

Ich will und kann die Platinamünze in den Staatskassen nicht zu bestimmtem Werth annehmen, da gesetzlich das Papiergeld und Kupfer einzig in solchen angenommen werden; Gold und Silber aber nur nach dem Curs und in wenigen Fällen. So würde auch die Platina angenommen werden.

Es ist nicht wahrscheinlich, daß die Platinamasse sich gar sehr vermehren dürfte, denn nach der von Ew. Hochwohlgeboren angegebenen Goldausbeute aus Choco von 10,800 Mark, ein ganzes Drittel Platina darunter gerechnet, würde etwa 3000 Mark, oder etwa 38 Pud herauskommen. Unterdessen wird auch ihr anderweitiger Gebrauch zunehmen. Die Platinamünze selbst absorbirt einen Theil der Metallmasse, vielleicht dürfte es Kolumbien uns nachmachen; wird die Münze eingeschmolzen, desto besser. Zum Theil wird ferner die Existenz einer Münze selbst den Werth halten, da sie einen Verbrauch zu bestimmtem Werth schafft.

Plötzlich dürfte auf allen Fall kein Werthsturz der Platina vorfallen und die Münzemanation kann nach Umständen eingerichtet werden. Daher glaube ich, daß auch keine störende Münzverwirrung entstehen könnte.

c. Allerdings kann bei der Platina ein weit bedeutenderes Auf= und Untergeld stattfinden, wie bei Gold, aber der Schaden kann nicht sehr groß sein, wenn überhaupt der Grundsatz festgehalten wird, die Masse dieser Münze nicht zu sehr zu vermehren.

d. Der allgemeine Wunsch unserer Bergwerks=Besitzer ist für diese Münze.

e. Der Verwechslung mit Silber glaubte ich dadurch ziemlich vorzubeugen, wenn ich der Platinamünze die Größe und das doppelte Gewicht irgend einer Silbermünze gebe, zudem führt der gemeine Mann überhaupt selten theure

Münzen, und bei uns ist das Papier= und Silbergeld die Hauptsache.

f. Ohne einen Versuch, wird die Platina nie als Münze erprobt werden können, und sollte sie dessen nicht werth sein?

g. Die Zahl der gewöhnlich erforderlichen Medaillen kann nicht sehr groß sein, da bei uns zum Tragen, dem Bürger und Bauer silberne, den Kaufleuten goldne Ehren= medaillen verliehen werden. Auch kommt die beste Platina= medaille an Schönheit kaum einer kupfernen gleich. Außer= ordentliche Fälle sind nicht häufig, doch wirklich wird erst, auf Anregung des Schreibens Ew. Hochwohlgeboren, An= stalt zu einer Medaille auf eine außerordentliche Gelegen= heit gemacht. Allein es sind 50—100 Pud Platina jähr= lich in Bewegung zu sezzen, also eine verhältnißmäßige Vermehrung der Medaillen würde eine neue sehr bedeu= tende Staatsausgabe verursachen.

h. Meine Absicht in meinem früheren Briefe war dahin ausgedrückt, eine Münze von 3 Silber=Rubel, dem Dukaten ohngefähr entsprechend, zu wählen.

Für diese Münze hatte ich das Verhältniß der Platina zum Silber wie 5 zu 1 berechnet. Der Werth des legirten Rubelgewichts Platina wäre also 5 Rubel 75,26 Kop. (dies weicht von den Berechnungen des vorigen Briefes etwas ab), und mit einem Schlagschatz von ohngefähr 24 Kop., 6 Rubel Silber; das halbe Rubel=Gewicht also 3 Rubel, und dieses sollte das Prägstück sein. Das So= lotnick Platina würde dann zu 4 Rubel 41 Kop. Papier= werth herauskommen, also keinen gar zu großen Gewinn gegen die Ausbeutungskosten geben.

Im Fall, daß das Verhältniß von 5 zu 1 zu hoch

wäre, hätte ich das von 4¼ vorgeschlagen, wo das Rubel=
gewicht Platina 5 Rubel Silber ausmachen würde, das
Solotnik aber auf 3 — 75 Kop. Papier käme. Diese
Münze ist nicht so unbequem, da sie nur die Größe eines
halben Rubels hat; eine zu 2½ zu schlagen, wäre aber
nicht ganz passend.

Sollten beide Verhältnisse zu hoch sein, so könnte man,
um noch sicherer zu gehen, das Rubelgewicht Platina zu
4 und das halbe zu 2 Rubel Silber=Münze annehmen.
Dies gäbe das Verhältniß von 3¼ zu 1, das Rubelgewicht
betrüge an Werth 3 Rubel 74 Kop. Silber=Münze und
mit einem Schlagschatz von 26 Kop., 4 Rubel, das halbe
also 2 Rubel, eine auch sehr passende Münze. Das So=
lotnik käme in Papier 2 Rubel 86½ Kop., wo noch etwas
Vortheil herauskäme, oder niemand seine Platina in die
Münze geben würde. Man kann nehmlich die Gewinnungs=
kosten von 10 Solotniks roher Platina etwa auf 15 R.
8 Kop. Papierwerth annehmen. Die Reinigungskosten be=
tragen etwa 2 R. 40½ K., zusammen 17 R. 48½ K.
An reiner Platina erhält man 7 Solotnik, das reine So=
lotnik käme also gegen 2 R. 49½ Kop. Der Gewinn,
außer dem Schlagschatz betrüge also nur gegen 37 Kopeken.

Dieser unbedeutende Gewinn widerspräche indessen den
Handelspreisen. Nach eben erhaltener Nachricht aus Lon=
don kann die Unze Platina Troygewicht in Barren zu
zwanzig Schilling verkauft werden, die etwa 24 Rubel
Papier ausmachen. Hiernach würde das Solotnik solcher
Platina auf 3 R. 29 Kop. Papier kommen. Das Solotnik
von Silber ist werth 23,703 Kop. Papier, das Verhältniß
der Platina zu Silber wäre also in diesem Fall wie
3,73 : 1. Hieraus folgt, daß das Verhältniß von 3¼ : 1
zu niedrig ist.

Alle diese Erwägungen halten mich noch immer an meiner Idee fest, doch kann ich irren und ersuche Ew. Hochwohlgeboren daher mir bald gefälligst Ihre weitere, mir so hochwichtige Meinung über dieses Vorhaben mittheilen zu wollen, besonders über das zu wählende Verhältniß gegen Silber.

Unser Medaillenwesen ist leider nicht was es sein sollte, allein wir haben uns lange nicht geübt.

Ich habe die Ehre mit vollkommener Hochachtung zu sein

Ew. Hochwohlgeboren

C.

Sr. Hochwohlgeboren
Hrn. Freiherrn Alex. v. Humboldt.

6.

Berlin, 26. Februar 1828.

Hochwohlgeborner Herr,
Hochzuverehrender Herr Staats-Minister!

Wenn ich die ehrenvollen Anerbietungen Ew. Exc. so lange unbeantwortet gelassen, wenn ich so lange gezögert habe, Ihnen und durch Ihr Organ dem erhabenen Monarchen zu danken, der Sich meiner noch so huldreichst erinnert, so ist diese Zögerung nur in dem Wunsche gegründet gewesen, mich über meinen nächsten Geschäftskreis bestimmt aussprechen zu können.

Die Anerbietungen Ew. Exc. nehme ich gern an, aber für das Frühjahr 1829. Nie hat ein Brief mir eine so große und unerwartete Freude gemacht, als der Ew. Exc., aber eben weil ich sehr ernsthaft an den Ural und Ararat denke, muß ich, um in der Zeit nicht bedrängt zu sein, die Reise auf künftiges Frühjahr aufschieben. Mit der endlichen Vollendung meines amerikanischen Reisewerks und der Herausgabe einer, durch meine Vorlesungen veranlaßten physischen Weltbeschreibung beschäftigt, könnte ich diesen Sommer Berlin nicht vor Mitte Junius oder 1. Julius verlassen. Bei dem Aufenthalte, den ich so gerne in Petersburg machen will, könnte dann nicht nach dem Ural, ohne nicht in die böseste Jahreszeit zu gerathen.

Mein Plan ist daher, ruhig hier zu arbeiten, selbst nicht nach Frankreich zu gehen, um mich gegen das Frühjahr 1829 so frei zu machen, daß ich im April in Petersburg bin und den 1. Mai nach dem Ural abreisen kann.

Meine ganz gehorsamste Bitte geht nun dahin, daß Ew. Exc. mir recht offenherzig zu schreiben geruhen, ob (da ich dieses Jahr nicht kommen kann) Sr. Kais. Majestät, dem erhabenen Herrscher Rußlands, meine Reise im Frühjahr und Sommer 1829 noch angenehm sein wird. Ich sollte es hoffen; denn, wenn Ew. Exc. glauben, daß meine geringen Kenntnisse Ihnen zu etwaiger technischer Berathung nüzlich seyn könnten, so wird meine Local=Kenntniß minder oberflächlich sein, wenn ich länger verweile und das Gemüth freier habe, denn ich bin jezt mit dem wichtigsten Theile meiner Reise, dem Vulkan in Quito ernsthaft beschäftigt.

Ew. Exc. wünschen, daß ich von Bedingungen über den pecuniairen Theil der Reise frei reden soll. Ich thue es gerne und frei, da ich mein eigenes Vermögen für nicht ganz unrühmliche Zwekke vernichtet habe und nie beschuldigt worden bin, Vermögen zu erwerben. Ich werde gerne alle Kosten der Hin= und Herreise von Berlin nach Petersburg tragen, denn mein erster Zwek ist, der Kaiserlichen Familie einmal meine Ehrerbietung persönlich zu bezeigen. Wollen Ihre Kaiserliche Majestät Ihre Munificenz an einem Reisenden vom Orinoco ausüben, glauben Ew. Exc., daß ich einige Aufträge, die der Administration nüzlich sind, ausführen könne, so glaube ich annehmen zu dürfen, was das Gouvernement von Reise=, Wagenanschaffung und Aufenthaltskosten von Petersburg bis Catherinenburg und Tobolsk und von Tobolsk bis an die Preußische Grenze erstatten will. Ich wünschte, wenn ich zurükkomme, nicht mehr von meinem kleinen Vermögen ausgegeben zu haben, als die Kosten der Reise von Berlin nach Petersburg, des Aufenthalts in Petersburg und der Rükreise von Peters= burg nach Berlin. Was mehr als jene Erstattung wäre, würde ich nicht annehmen können und mich glüklich genug schäzzen, durch die Munificenz Sr. Kais. Majestät, eine mir so wichtige Länderstreke gesehen zu haben. Ich rede stets von Tobolsk, denn die Gnade, mich wenigstens bis an den Irtisch gehen zu lassen (Koliwan ist wohl für einen Sommer zu viel), erbitte ich von Sr. Kais. Majestät. Tobolsk ist ein Traum meiner frühesten Jugend. Finden Ew. Exc. nach Vollendung dieser Reise, daß mein Aufent= halt zur Belebung naturhistorischer und technischer Kennt= nisse von einigem Nuzzen seyn kann, so stehe ich ein anderes Jahr für den Ararat und Persien zu Befehl.

Mein König, dem ich von den huldreichen Anerbietungen Ihres erhabenen Herrschers gesprochen, hat mich aufs freundlichste zur Annahme ermuntert für das früheste Frühjahr 1828; ich hasse zwar kindisch die Kälte, weiß aber höhern Zwekken ganz zu leben.

Ueber die Platina werde ich Ew. Exc. besonders zu antworten die Ehre haben. Ihre lezten Betrachtungen lassen mich selbst einen mäßigen Versuch wünschen.

Noch habe ich vergessen, um die gewogentliche Erlaub= niß zu bitten, daß nächstes Frühjahr 1829 mich ein junger Freund, der berühmte Chemiker und Mineraloge, Professor Gustav Rose nach Catherinenburg begleiten darf. Er ist mir durch Umgang und Kenntnisse im Schmelzwesen gleich nüzlich. In Casan hoffe ich Prof. Kupfer nicht mehr zu treffen. Ich höre er ist zu einer gelehrten Reise bestimmt und besser könnte Ihr Gouvernement nicht wählen. Er genießt eines treflichen Rufs hier und in Paris. Auch habe ich neulichst hier einen höchst geschikten jungen Russischen Mineralogen, Hrn. Schvetsoff aus Nyshnetaguilsky im Ural gesehen, der lange in Frankreich studirt hat.

Darf ich schließlich den Ueberbringer dieser Zeilen, Capit. Colquhoun Ew. Exc. gehorsamst empfehlen. Er war in Spizbergen und Mexiko, ist mir von Sir Charles Stuart einem englischen Gelehrten sehr empfohlen und wünscht Ihre treflichen Eisenhüttenwerke zu besuchen.

Mit der innigsten Verehrung

Ew. Exc.

ganz gehorsamster

A. Humboldt.

7.

(Concept.)

St. Petersburg, 8/20. März 1828.

Hochwohlgeborener,
Hochgeehrtester Herr!

Ich habe den Inhalt des Schreibens vom 26. Februar, womit Ew. Hochwohlgeboren mich beehrt haben, unserem Allergnädigsten Kaiser, ungesäumt vorgelegt. Se. Majestät haben durch eigenhändige Konfirmation Allerhöchst genehmigt: daß es ganz von Ihrem eigenen Ermessen abhängt, die bewußte Reise zu dem Ural-Gürtel und bis nach Tobolsk im Jahre 1829 anzutreten und zugleich Ihren Freund, Herrn Professor Rose mitzubringen. Nicht minder wird es einzig von dem Gefallen Ew. Hochwohlgeboren abhängen, Ihre Reise nach dem Ararat und anderen Gegenden in den folgenden Jahren fortzusetzen. Die Reisekosten werden aus dem Reichs-Schatz bestritten und Ew. Hochwohlgeboren alles das abgelassen werden, was Sie nur für nöthig halten.

Es stehet nun also dieser, für die Wissenschaften und für Rußland wichtigen Unternehmung nichts mehr im Wege, nur wünschte ich, daß mich Ew. Hochwohlgeboren im Anfange des nächsten Winters des Näheren bestimmt unterrichten möchten, damit ich für einen Sprach- und Sachkundigen Begleiter und die nöthigen Equipagen sorgen kann. Ich werde vielleicht Ew. Hochwohlgeboren alsdann noch einige nähere Rathschläge mittheilen, wie diese Reise am bequemsten zu machen.

Das Interesse an einem Versuch mit Platina=Münze wächst hier beständig, besonders da seit Kurzem bei Nischne=Tagylsk neue bedeutende Lager von Platinasand entdeckt worden. Ich sehe daher einer näheren gefälligen Antwort über diese Sache erwartungsvoll entgegen.

Ich werde nicht ermangeln Hrn. Colquhoun in meinem Geschäftskreise möglichst nützlich zu sein.

Der Prof. Kupfer ist mir schon rühmlichst bekannt, Hrn. Schwetsow werde ich auch nützlich zu sein suchen.

Uebrigens habe ich die Ehre mit vollkommener Hoch=achtung zu sein

Ew. Hochwohlgeboren
ergebenster Diener
C.

8.

(Copie.)

St. Petersburg, 25. April/7. Mai 1828.

Da unser Monarch wünscht, noch vor Seiner Abreise das Vorhaben wegen der Platina=Münze in's Werk zu sezzen, so ist gestern deshalb der Allerhöchste Ukas erfolgt. Ich mache mir es zur angenehmen Pflicht Ew. Hochwohlgeboren ein Stück zu übersenden. Man könnte es weiße Dukaten nennen. Vorerst ist die Rede von einem Versuch. Der Ukas selbst wird wohl bald in alle Zeitungen kommen. Nun werden wir das weitere sehen.

Mit Ungeduld sehe ich dem Ende des Jahres entgegen, das noch bis zu unserer persönlichen Bekanntschaft verfließen soll und verbleibe indessen hochachtungsvoll

Ew. Hochwohlgeboren

gehorsamster Diener

C.

In unserem nördlichsten Uralschen Bergbezirk Bogo=slofsk, wo kein Ackerbau mehr ist, sind reiche Goldgrus=(Sand)lagen entdeckt worden. Auch bei Irkutsk ist Gold entdeckt worden. Demidoff hat neue Platinalagen entdeckt und meint jährlich weit über 50 Pud allein herauszuwaschen. Die im donschen Cosakenland entdeckten (am Miuß) silberreichen Bleierze sind noch nicht recht erschürft.

An Se. Hochw.
Hrn. Baron v. Humboldt.

9.

(Copie.)

St. Petersbourg, le 5/17 Mai 1828.

Monsieur!

J'ai reçu avec beaucoup de plaisir la lettre de recommandation que Vous avez donnée à Mr. le docteur Ermann. Avant sa réception j'avais déjà donné ordre que toutes les places, qui dépendent du Ministère des Finances, favorisent le voyage de Mr. Hanstein et ses compagnons; quant à l'intention de Mr. Ermann, d'aller par terre à Kamtschatka, elle éprouvera sans doute de grandes difficultés. Je ne manquerai cependant pas de contribuer à la réussite, autant qu'il dépend de moi.

J'espère que Vous aurez reçu, Monsieur, la monnaye de Platine, que je me suis empressé de Vous envoyer. Elle est recherchée par les curieux. Malheureusement on a mis une annonce fausse dans quelques gazettes allemandes d'ici; je Vous envois donc, Monsieur, une traduction exacte du décret de Sa Majestée, tirée du No. 36 de la Gazette de Commerce. Nous n'avons voulu faire qu'une épreuve pour accoutumer le public à l'idée; l'expérience démontrera le reste.

Il dépendra absolument de Vous même, Monsieur,

si Vous voulez voir d'avance l'Arrarat; je crois cependant ce voyage plus intéressant, mais moins utile.

La Perse nous a payé en partie en lingots d'or, qui ont parfaitement le contenu de nostre or lavé à l'Oural, savoir:

$$\begin{array}{rl} \text{or} & 88\frac{1}{2} \\ \text{argent} & 7 \\ \text{residu} & \frac{1}{2} \\ \hline & 96 \text{ Solotniks.} \end{array}$$

Il parait venir des montagnes de Boukharie.

Il y a parmi la contribution des monnayes d'or quarrées et rondes d'une grandeur immense. En son temps je Vous ferai parvenir une description et des empreintes. On en vendra vraisemblablement au prix de l'or.

Nos connaisseurs s'occuperont de ces monnayes quand il en arrivera.

J'ai l'honneur d'être etc. etc.

C.

10.

(Concept.)

St. Petersburg, 28. Nov./9. Dec. 1828.

Hochwohlgeborener,
Hochgeehrtester Herr!

Da nun der Winter herangerükt ist, so halte ich es für nöthig mit Ew. Hochwohlgeboren eine letzte Rüksprache über die Reise zum Ural zu nehmen. Es ist aber nur von Nebendingen die Rede. Ich wünschte, daß mir Ew. Hochwohlgeboren gefälligst Nachricht geben, wenn Sie hier in St. Petersburg einzutreffen gedenken, und welche Personen Sie begleiten werden. Demnach würde ich einen Beamten zu Ihrer Begleitung wählen und die Equipagen bestellen, damit Sie ebenso bequem als leicht und dauerhaft gemacht werden. Sie fertig zu kaufen könnte hernach zu manchen kleinen Reiseunannehmlichkeiten führen.

Die Privatbergwerksbesitzer lassen ziemlich viel Platinamünzen schlagen, und die Ausbeute von Platina hat sich sehr vermehrt, und werden nicht selten bedeutende Stükke gefunden.

Auch die Goldausbeute wächst, obwohl nur selten große gediegene Stükke mehr gefunden werden, besonders sind nun auch im Bogoslofskischen Bergbezirk, dem nördlichsten, manche reiche Gruslager entdekt worden, und sogar von

20 Solotnik im 100 Pud Grus. — Sände vom Gehalt von 1/2 Solotnik werden mit Vortheil verwaschen. Vom Arrarat, wohin ein Professor aus Dörpt, Hr. Parrot, reisen wird, habe ich noch keine besondre Merkwürdigkeit erfahren, die Aulptischen Steinsalzhauereyen ausgenommen, die indessen noch weit von dem Ararat liegen. Das Salz wird in Kammern an der Seite eines hohen Rükkens ganz vernünftig ausgehauen. Trotz mancher ausgeschikter Schürfparthien, will sich in Transkaukasien nichts rechts von Metallen entdeken.

Sonderbar ist es, daß die vielen Goldstangen, aus der Persischen Requisition, durchaus den Gehalt unsers Waschgoldes haben, etwa $88/96$ Gold, das übrige Silber.

Ich lasse mich durch den Krieg nicht aufhalten, im nächsten Jahr hier ein großes praktisches, technologisches Institut zu erbauen. Es mangelt uns ganz an einer, mit mäßiger Theorie versehener Mittel=Classe von Menschen, zu tausend Beschäftigungen.

Ich habe die Ehre mit vollkommener Hochachtung zu seyn

Ew. Hochwohlgeboren

gehorsamer Diener

C.

11.

Berlin, 10. Januar 1829.

Hochwohlgeborner Herr!
Hochgebietender Herr Finanzminister und Reichsrath!

Euer Excellenz so liebevolles und Nachsichtsvolles Schreiben vom 9. December hat mich um so inniger erfreut, als mich dasselbe in einer sehr traurigen Gemüthsstimmung gefunden hat. Die unheilbarste und furchtbarste aller Krankheiten, welche eine Frau treffen kann, hat plötzlich meine Schwägerin, eine geistreiche und ungemein liebenswürdige Frau (von Ihrer Maj. der Kaiserin persönlich geschäzt) dem Tode nahe gebracht. Mein Bruder, der ehemalige Staats-Minister, welcher sich Ihres Interesses auch rühmt, und der mit nicht fester Gesundheit aus London zurükgekehrt ist, fühlt sich tief gebeugt. Ganz im Sprachstudium vergraben, kannte er seit Jahren nur häusliche Freuden; er lebt isolirt, ob er sich gleich einer besondern persönlichen Gnade des Königs und ganzen Hofes zu erfreuen hat. Unter solchen traurigen Verhältnissen verzeihen mir wohl Ew. Exc. die verspätete Anzeige meines Entschlusses, der mich in einem so entscheidenden Augenblik (denn Frau v. Humboldt kann wohl noch das Frühjahr erleben) so weit entfernen soll.

Der rege Wunsch, von der Gnade des großherzigen Monarchen und dem mir von Ew. Exc. so unaufgefordert geäußerten, schmeichelhaften Wohlwollen Gebrauch zu machen, läßt mich jede Schwierigkeit, die der Familienverhältnisse und unvollendeter litterarischer Arbeiten, überwinden. Mein Bruder rathet mir zu, weil er fühlt, daß mein eigentlicher Wirkungskreis das Reisen, das Leben in der freien Natur ist. Der König giebt mir gern Urlaub auf 6—7 Monathe, weil ich nach Rußland gehe, an das er durch so viele Ihm werthe Bande hängt. Ich freue mich Ihrer Maj. der Kaiserin, die ich kaum als Kind gesehen, endlich einmal vorgestellt zu werden. Möge die unvorsichtige Hartnäkkigkeit der Barbaren nicht vor meiner Ankunft Se. Maj. den Kaiser veranlassen, Petersburg gegen den Süden zu vertauschen! Ein vielleicht kindischer aber heißer Wunsch meiner Jugend, zugleich den Amazonen-Strohm und den Irtysch gesehen zu haben (Ew. Exc. bemerken, daß ich Sie an Ihr gütiges Versprechen von Tobolsk erinnere) wird endlich in Erfüllung gehen. Armenien, der Ararat und das kaspische Meer würden freilich meine Einbildungskraft noch mehr anregen; aber für den Ararat ist es besser, friedlichere Zeiten zu erwarten und wenn vielleicht meine Reise nicht bloß mir, sondern Ihrem Gouvernement nüzlich sein kann, so wird sie es mehr im Ural und Osten sein. Auch freue ich mich außerordentlich, in diesen östlichen, zum Theil ärmern Provinzen, das russische Volk (ich meine die gemeinen Landleute, die mir immer als sehr liebenswürdig geschildert worden sind) in ihrer primitiven Einfachheit und kräftigen Lebendigkeit zu sehen. Ich nehme daher dankbarst die Anerbietungen pecuniärer und materieller Mittel an, welche Ew. Exc. mir in Ihrem lezten und vorigen Briefen zu machen geruht haben. Ich wünschte, nur nicht gereizt zu werden, Zeit zu verlieren; Moscau erst auf der Rükreise zu berühren im späteren Herbste. Ich mache keine naturhistorische Expedition wie Gmelin und Pallas; sondern, einem bestimmten Hauptzwekke nacheilend, eine Sommerreise nach dem Ural. Bis Anfang Septembers ist, in so wenig hohen Gebirgen, der Boden wohl meist Schneefrei. Wenn ich 6 bis 8 Wochen Sommerwetter für den Ural (Katharinenburg, Mjask, Newjansk, Nischnei-Tagilsk) übrig habe, so ist das Nothwendigste erfüllt. Auf der Rükreise mag es schlechtes Wetter sein! Ich berührte gerne bei der Hinreise Kasan, wegen des kenntnißreichen Professors Kupfer, der selbst im Ural war und der mir, wie Engelhardt (dessen kleine Schrift vortrefliche Materialien enthält) viel Lokalaufschlüsse geben kann. Vielleicht erlaubten Ew. Exc., daß ich ginge, von Petersburg über Jaroslaw, Nischnei-Nowogorod, Makarjew, Kazan, Perm nach Jekaterinburg, dem Centralpunkte der Untersuchung; dann von Jekaterinburg über Tiumen nach Tobolsk. Ueber die Rükreise wage ich nichts auszusprechen, alles wie Sie es befehlen und vorzeichnen, auf jeden Fall über Moscau, wo ich zwei alte Freunde, Fischer (einst Lehrer in meines Bruders Hause, ein sehr liebenswürdiger Mensch) und Lober finde. Von Tobolsk, ohne Katharinburg wieder zu berühren, über Kourgan, Troitzkaya, Orenburg; oder von Tobolsk über Katharinenburg, Krasnoufimsk, Oufa, Orenburg, Samara, Simbirsk nach Moscau ist wohl viel zu weit für Oktober und November? Orenburg hätte freilich als Stapelplaz und wegen der Verschiedenheit der Nazionen einen eigenen Reiz für mich; aber man kann nicht alles zugleich genießen.

Ew. Exc. haben mir in einem Ihrer vorigen Briefe

geschrieben, ich würde am Besten die Reise einrichten, wenn ich Anfangs Mai in Petersburg wäre. Diesen Wink befolgend, werde ich suchen, in den lezten Tagen des Aprils oder 1. Mai unsers Styles hier abzureisen und die Vermählung des Pr. Wilhelm nicht abzuwarten. Ich habe gehört, man könne von Petersburg bis Tobolsk in einem Monath reisen; ich werde wohl 5 bis 6 Wochen anwenden müssen. Früher als den 1. Mai (so sehr ich es wünschte) wird es mir, meiner hiesigen Geschäfte wegen, fast unmöglich sein, Berlin zu verlassen. Ich komme nun, und einige Schaam überwindend, auf den ganz prosaischen Punkt, den Ew. Exc. mich mehrmals aufgefordert haben, frei gegen Sie zu berühren. Was ich annehmen darf, hängt ganz von der Möglichkeit des Nuzens ab, den ich nach Ihren Ansichten dem Gouvernement allenfalls verschaffen kann. Ich habe eine sehr eingeschränkte Meinung von diesem Nuzen; ich werde immer glauben empfangen, nichts gegeben zu haben. Ich bin für meine körperliche Anstrengung und einige Langeweile eines monotonen Anbliks großer Ebenen übermäßig bezahlt dadurch, daß ich 5 bis 6 Monathe in freier Luft sein kan, die herrlichen Gebirgsarten (Saphyrfelsen) des Ural, eine lebendige, kräftige Nazion sehen, mich der fortschreitenden Kultur erfreuen kan. Ich habe alles was ich ererbt (100,000 Preuß. Thaler) aufgezehrt und, da ich es wissenschaftlichen Zwekken geopfert, sage ich es ohne Furcht des Tadels. Der König, bei dem ich eine blos persönliche Lage habe, bezahlt mich großmüthiger, als ich es, als Gelehrter und in einigen Administrations-Geschäften, als Rathgebende Person bei Sr. Majestät verdienen kan, 5000 Rthlr. jährlich. Bis jezt, da ich ziemlich ungeschikt in meinem Haushalt bin und gern junge Studirende unterstüze, gebe ich jährlich immer etwas mehr

aus, als ich besize; ich muß daher wünschen, daß die
Irtysch=Wasser, wenn ich glüklich wieder hier oder in Paris
zurükkehre, nicht meine Lage sehr verschlimmern mögen,
mich nicht in eine ernsthafte Geldverwirrung stürzen. Freier
und offener kan ich mich nicht gegen einen Staats=Minister,
wie Ew. Exc., äußern; ich darf es, da ich nie für politisch
ehrsüchtig oder geldgierig, in beiden Welttheilen, gegolten
habe. Als Ew. Exc. mir von dem allergnädigsten Interesse
des edeln Monarchen für meine Person in Ihrem Schrei=
ben vom 8/20. März v. J. sprachen, bedienten Sie Sich
Selbst des Ausdruks: „die Reisekosten werden aus dem
Reichs=Schatze bestritten." Ich wünschte, wenn ich wieder in
Berlin bin, von meinen eigenen Renten nicht über 2500
bis 3000 Preuß. Thaler ausgegeben zu haben. Diese
werden fast auf der Reise von Berlin nach Petersburg
und von Moscau nach Berlin oder Paris zurük, darauf
gehen, was mir die Reise mehr kostet, d. h. was ich mehr
ausgebe, bis ich wieder hier bin, als jene 2500 bis 3000
Thaler, bitte ich mir aus dem Reichs=Schatze zu erstatten.
Ich will gar nicht meine Lage verbessern, möchte aber ver=
meiden, mehr durch die Reise in Verlegenheit zu kommen.
Bei dem Vertrauen, welches Ew. Exc. mir schenken, werden
Sie keine detaillirte Kostenrechnung verlangen; also wäre
es für Sie, den Geber und mich, den Empfänger, am ein=
fachsten, wenn Sie erlaubten, daß ich Ihnen, wenn ich
Rußland im Herbst wieder verlasse, sagen darf, wie viel
ich im Ganzen mehr ausgegeben, als jene kleine Summe,
die ich allein daran wenden kann. Ich bin genügsam,
komme in meinem eigenen französischen Reisewagen, einer
Halbchaise, die vorn mit Glas zu verschließen ist, mit
einem deutschen Bedienten (einem Jäger, dem ich einige
Bequemlichkeit zur Erhaltung der Gesundheit für die innere

Reise wünsche) und mit dem Professor der Chemie und Mineralogie, Gustav Rose, einem bescheidenen, sehr unterrichteten, jungen Manne. Wir sind also von hier aus nur 3 Personen; mehrere mitzunehmen, schien mir unbescheiden; ich genieße gern Bequemlichkeit, besonders Reinlichkeit, wo man sie haben kann, bin aber bei jeder nöthigen Entbehrung heiter und zufrieden. Ich bin gleichgültig für vornehme Behandlung, aber sehr dankbar für eine freundliche. Ich habe mein Leben unter schwierigen Verhältnissen in der Fremde zugebracht; nie hat man mich eines unvorsichtigen Betragens angeklagt. Ich habe die Pflicht und den Wunsch, Ihrem Staate, so viel es meine Thätigkeit (ich gehe noch sehr leicht, trotz meines Alters und meiner weißen Haare 9—10 Stunden, ohne zu ruhen, zu Fuß) und meine geringen bergmännischen, halurgischen und technologischen Kenntnisse es erlauben, nüzlich zu sein, durch mündlichen und schriftlichen Bericht, sofern es mehr die Dinge (Producte, Anstalten), als die Menschen, betrifft. Jeden Ihrer Wünsche werde ich gern erfüllen, weil meine eigenen Zwekke geistigen Natur-Interesses dabei gewinnen werden. Wen und so viele Sie mir mitgeben, werde ich dankbar annehmen. Russen sind mir am liebsten, weil ich mich gerne recht ernsthaft mit der Sprache eines Landes beschäftige, ohne welche man dem Volksleben fremd bleibt. Meinen, gewiß zu fein gebauten französischen Reisewagen, der mir in der Hinreise wohl nicht Noth machen wird, lasse ich in Petersburg stehen und reise mit den mir gütigst angebotenen Equipagen, Kaiserlichen Bergbeamten, Courier und Koch (ich renumerire nur, was Ew. Exc. nennen und mir fast zu prächtig klingt) von Petersburg nach Ekaterinenburg und Tobolsk über Kasan hin; Orenburg? und Moscau zurük. (Ich wiederhole, daß ich gern auch Orenburg aufgebe.) Ich werde Ew. Exc. nach Vollendung der Reise, nie mit anderen Bitten und Prätensionen beläftigen; Sind Sie zufrieden, glauben Sie, daß ich etwas nüzlich gewesen bin, so schlagen Sie Sr. Majestät, dem Kaiser vor, mir allergnädigst ein Buch (das nicht in den Buchhandel gekommene Werk über die Thiere des Russischen Reichs von Pallas) zu schenken; dies wird als Monument meiner Reise nach dem Ural und meiner Dankbarkeit für den edeln, so menschenfreundlichen Monarchen, in meiner Familie aufbewahrt werden. Um die Erlaubniß, Gebirgsarten, mehr als Erze sammeln zu können, darf ich wohl ganz gehorsamst bitten: ich sammle für die hiesige Königliche Mineraliensammlung, keinesweges für mich. Ich besize keine Sammlung und habe alles was in einem andern Welttheil gesammelt, öffentlichen Sammlungen in Berlin, Paris und London geschenkt. Es versteht sich von selbst, daß es mir eine angenehme Pflicht sein wird, derjenigen der Kaiserl. Mineralien-Sammlungen, welche Sie mir bestimmen werden, an geognostischen Stüken mitzutheilen, was angenehm und nüzlich sein könnte.

Ich freue mich, von allen Seiten zu hören, daß die neue Platina-Münze guten Erfolg hat, und den Bergwerksbesizern viel Nuzen verschaft. Ew. Exc. werden es wohl in Ihrer Gewalt haben, zu verhüten, daß die Masse nicht zu groß sei, damit, wenn durch plözliche Einfuhr aus dem Choco, einmal der Preis sehr fiele, die Krone nicht an der, in den Kassen angehäuften Platina-Münze Verlust erleide. Männer von politischem Einfluß in Colombia, haben von England aus, durch Ihre Münze angeregt, mich wieder über Anfertigung der Platina-

Münze in Bogota befragt. Ich sollte glauben, es wäre dem russischen Interesse am geeigendsten, wenn ich dort einleitete, daß man die colombische Münze der Ihrigen recht analog machte. Die handelnde Welt gewöhnte sich dann, von zwei Seiten zugleich, daran. Bolivars geistige Regsamkeit wird ihn bei der neuen dictatorischen Lage, die er sich erzwungen, gewiß auf solche Ideen leiten, und bei dem Einfluß, den eine gewisse Vorliebe mir dort erhalten hat, würde es mir nicht schwer werden, die Sache zu befördern. Wollten Ew. Exc. mir mit wenigen Worten einmal darüber Ihre Wünsche mittheilen. Vielleicht aber halten Sie es für besser, die Sache ruhen zu lassen, um nur eine (russische) Platina=Münze zu haben. Ich sollte glauben, es wäre bei Ihrem Platina=Reichthum ersprießlicher, daß mehr als eine Nazion Platina münze. Ihnen bliebe immer der Vorzug, es zuerst gewagt zu haben. Auch Ihres technologischen Instituts erfreue ich mich; wir besizen hier eine vortrefliche, recht praktische Anstalt dieser Art (das technische Gewerbe=Institut), welche mein Freund, der Geh. O. Finanz=Rath Beuth treflich leitet und der der König dieses Jahr 180,000 Rthlr. zur Erweiterung zugeschossen hat. Ich werde mich gern mit Ew. Exc. über diese Pflanzschule der Industrie unter den arbeitenden Classen unterhalten. Auf meinen Antrag hat der König auch den Bau einer neuen Sternwarte für Berlin und den Ankauf des noch in München übrigen, Ihrem Riesenfernrohr in Dorpat ganz gleichen, Fraunhoferschen Refraktors genehmiget.

Verzeihen Ew. Exc. diesen langen, langen Brief. Ich habe geglaubt, Ihnen auf einmal über alles frei

schreiben zu dürfen. Mit der ausgezeichnetsten Ver=
ehrung

Ew. Exc.

ganz gehorsamster

Alexander Humboldt.

Die Abnahme großer Goldgeschiebe muß nicht wun=
dern; dieß ist der Fall bei allen Wäschen in Choco, Bra=
silien, wie einst in St. Domingo.

12.

(Copie.)

St. Petersburg, 18/30. Januar 1829.

Ich habe mit ganz außerordentlichem Vergnügen das Schreiben Ew. Hochwohlgeboren v. 10. Januar, am 14. a. St. erhalten, und erwarte Ihre Ankunft mit Ungeduld.

Um die so nöthigen ökonomischen und doch so prosaischen Bedingungen für Ihre Reise mit Einem festzustellen, habe ich für das Beste gehalten, im bestimmten Sinn eines Financiers, Alles ein für allemal abzumachen.

Ich lege daher eine besondere offizielle Note bei.*) Sollte der Inhalt gegen Ihre Delikatesse anstoßen, so bitte ich um Verzeihung. Rußland kann nicht zugeben, daß die Reise Ew. Hochwohlgeboren etwas koste. Seine Dankbarkeit wird es zu seiner Zeit auf eine würdige Art zu beweisen wissen.

Ew. Hochwohlgeboren würden wohl thun, außer dem Jäger einen Koch mitzubringen. Er ist im Innern nicht zu entbehren. Hier sind freie Leute der Art, die auf Reisen gehen, nicht immer bald zu haben. Doch sollte es Sie in Ihrer Herreise geniren, so bitte ich es mir freundschaftlich zu schreiben, ich werde Sorge tragen lassen.

---
*) Das nächstfolgende Schreiben.

Ew. Hochwohlgeboren werden am besten thun, wenn Sie hier nicht etwa bei der Gesandtschaft absteigen wollen, die Hotels von London oder Demuth zu wählen. Es wird Sie weniger geniren als eine Kronswohnung. Ich habe deshalb für kein besonderes Absteige=Quartier vorgesorgt, Sie müßten denn bei mir selbst absteigen wollen, was mich besonders freuen würde.

Besonders nöthig ist es, daß Ew. Hochwohlgeboren die gute Zeit vom Mai bis halben September im Orenburgischen auch länger benutzen. Ihre Kalesche kann zugemacht werden und offen bleiben. Letzteres ist bei uns im Sommer so angenehm. Unser gesundes Klima fordert nur, sich für Verkältung zu hüten, und deshalb werden Sie sich mit einem wattirten Ueberrock und Mantel versehen. Der leichte Anzug hat vielen Ausländern geschadet.

Ich werde mich über das Werk von Pallas erkundigen; es scheint in den Vorrathshäusern des Kabinets (einer Hofbehörde) zu modern; ich nehme es auf mich, Ew. Hochwohlgeboren, wenn noch Vorrath da ist, nicht blos ein Exemplar zu schaffen.

Die Perser haben großen Gefallen an einem kleinen Präsent von Platina=Münze gefunden, und meinen, wir schätzten das Metall zu gering. Abas=Mirza ließ sich gleich eine Pfanne zur Flinte machen. Ich suche die Münze nach Asien zu verbreiten.

Wir schlagen uns auch mit Platinastahl herum. Es scheint zu gelingen. Es hat ganz die Farbe von Bulat oder Damaszenerstahl, aber wenig Adern.

Ew. Hochwohlgeboren können unbedenklich an Ihre Bekannte in Kolumbien schreiben, daß es wohl das Beste wäre, wenn dort die Platinamünze möglichst nach dem bei uns angenommenen Fuß ausgeprägt würde. Es kann nur

beiden Theilen nützlich sein. Ich habe befohlen darüber einige Notizen zu verzeichnen, die ich beilege oder nach=
schicken werde. Da wir die Platina absichtlich noch nicht in den Kronskassen annehmen, so ist es vorerst eine Neu=
gierde= oder Spielmünze. Es wird nicht viel gemacht und habe ich die Befürchtung, von der Ew. Hochwohlgeboren schreiben, allerdings im Sinn.

Ich ersuche Sie, würdiger Mann, mir gefälligst mit ein Paar Zeilen den Empfang dieses Briefes anzuzeigen, und mir das zu überschreiben, was Sie noch etwa wünschen. Doch wird auch ohne das Alles vorbereitet sein.

In gespannter Erwartung, Ihre persönliche Bekanntschaft zu machen, bin ich mit wahrhafter und unbegrenzter Hoch=
achtung

Ew. Hochwohlgeboren

gehorsamster Diener

C.

P. S. Ich nehme herzlichen Antheil an den Unannehm=
lichkeiten Ihrer Familie und erinnere mich mit Hochachtung Ihres Herrn Bruders. Ich habe übrigens für Preußen leider kein angenehmer Mann sein können.

An Se. Hochw.
Hrn. Alex. v. Humboldt.

13.

(Eigenhändiges Concept.)

St. Petersburg, 18/30. Januar 1829.

1. Ew. Hochwohlgebohren erhalten hierbei einen Wechsel auf tausend zweihundert Dukaten zur Reise nach St. Petersburg und zurük. Bei Ihrer Ankunft in St. Petersburg wird Ihnen eine Summe von Zehntausend Rubel Bankonoten zu den weiteren eigenen Reisekosten eingehändigt werden. Ueber die weitere Vergütung der Auslagen werden wir bei Dero Heimreise Rüksprache nehmen.

2. Es wird dem Zoll in Polangen vorgeschrieben Ew. Hochwohlgeb. mit dem Herrn Professor Rose nicht zu inkommodiren.

3. Es sind für Ew. Hochwohlgeb. zwei Equipaschen bestellt. Eine zu bedekkende Kalesche für vier Personen, und eine in Federn ruhende polnische Kalesche, für Instrumente und Gepäkke, etwa einen Bergbeamten und Ihre Bedienung.

4. Ich werde Ew. Hochwohlgeb. einen Bergbeamten mitgeben, der deutsch oder französisch spricht, und zum Ansagen der Postpferde, Bestellungen am Orte u. s. w., einen Courier, der wo möglich auch deutsch spricht, oder statt dessen verwilligen Seine Majestät einen Feldjäger. Diese Personen bekommen zu ihrem Unterhalte Diäten.

5. Es sind an Postpferden nöthig: für die Kalesche 6, die polnische Kalesche (oder Pritschke) 4, den Beamten nöthigenfalls 3, den Courier 2. Die Bezahlung der Postpferde, des Trinkgeldes und der Wagenreparaturen wird der Bergbeamte aus einer zu seiner Disposition gestellten besonderen Summe bezahlen, und berechnen. Ew. Hochwohlgeb. haben also damit keine Mühe oder Kosten.

6. Es hängt ganz von Ew. Hochwohlgeb. ab, wohin, in welchen Richtungen, zu welchen Zwekken Sie die Re'se vornehmen wollen. Der Wunsch der Regierung ist einzig, die Wissenschaft zu befördern, und, so weit es angeht die Gewerbsamkeit Rußlands, besonders im Bergfach, dabei zu nüzzen.

7. Den Zwek der Reise zu befördern wird allen Gouverneuren, Vicegouverneuren und den Bergbehörden anempfohlen werden. Letztere werden Ew. Hochwohlgeb. das nöthige Quartier anweisen, und zu den etwa beabsichtigten Versuchen Bergoffiziere und Arbeiter auf Kronskosten aufstellen.

8. Sobald Ew. Hochwohlgeb. hier die Reiseroute näher bestimmt haben, kann eine Anleitung verfertigt werden, was an jedem Orte besonders der Aufmerksamkeit werth ist, auch werden Ihnen alle ferner nöthigen Notizen mitgetheilt werden.

9. Es ist nicht den geringsten Schwürigkeiten unterworfen, wenn Ew. Hochwohlgeb. Mineralien und andere Seltenheiten sammeln wollen und hängt die Verfügung darüber lediglich von Ihnen ab.

C.

Sr. Hochwohlgeb.
Herrn Alex. von Humboldt.

14.

Berlin, 6. Februar 1829.

Ew. Excellenz

werden gewogentlichst verzeihen, daß ich abermals Sie mit diesen Zeilen in einem Augenblik belästige, wo gewiß die wichtigsten Staatsgeschäfte Ihre ganze Aufmerksamkeit auf sich ziehen. Ich höre so eben von Fürst Wittgenstein, mit dem ich in sehr freundschaftlichen Verhältnissen am hiesigen Hofe stehe, daß erst in der Hamburger Zeitung und jetzt im Journal des Débats die übertriebensten Nachrichten von „meinen Reiseprojecten gleichzeitig nach dem Ural und Kaukasus stehen, von Begleitung vieler Gelehrten, Geschichtsforscher u. s. f." Diese Zeitungsartikel sind mir sehr unangenehm, ob ich gleich wohl nicht zu besorgen habe, daß Ew. Excellenz glauben möchten, meine eigene Eitelkeit habe dieselben veranlaßt. Da ich als Reisender einmal eine gewisse Aufmerksamkeit des Publikums auf mich gezogen, so kann ich nicht hindern, daß die Zeitungen sich mehr mit mir beschäftigen, als ich wünschte. Gegenartikel würden nur das Uebel vermehren, aber ich glaubte es mir selbst schuldig zu sein, Ew. Excellenz meinen tiefsten Schmerz über solche unverschuldete Ruhmredigkeiten auszudrükken, und Sie ganz gehorsamst zu bitten, den bösen Eindruk, den jener Artikel in der

großen Kaiserstadt machen könnte, gewogentlichst zu mil=
dern. Aus meinem lezten Briefe, in dem ich Ew. Ex=
cellenz meine Freude über die im Anfang Mai von hier
aus anzutretende Reise auf eine so einfache Weise ausge=
drükt, werden Sie ersehen haben, daß ich ganz allein mit
dem vortreflichen Mineralogen und Chemiker, Professor
Rose und einem einzigen Bedienten zu kommen gedenke,
daß ich mich ganz Ihrem Gouvernement von Mai bis
September und Oktober zur Disposition stelle, wenn ich
anders Ihnen nüzlich sein kan; ja daß ich weit von jener
Indiscretion entfernt bin, eine große Wichtigkeit auf meine
Person und meine Forschungen, in so wohl untersuchten
Provinzen zu legen, geschweige gar durch eine zahlreichere
Begleitung lästig zu werden.

Mit der ausgezeichnetesten Hochachtung und innigster
Verehrung

Ew. Excellenz

ganz gehorsamster

Al. Humboldt.

15.

(Copie.)

St. Petersburg, 5/17. Februar 1829.

Ew. Hochwohlgeboren

hochgeschätztes Schreiben vom 6. Februar n. St. beeile ich mich zu beantworten. Mir ist es zu sehr aus der Erfahrung bekannt, wie gern das Publikum hinsichts berühmter Männer übertreibt und wie gerne es uns arme Minister tadelt, ohne sich in beiden Fällen viel um die Wahrheit zu bekümmern, als, daß ich einen Augenblick die Ausschmückungen mehrerer Tagesblätter über Ihre Reise auch nur im Entfernten einer anderen Quelle hätte zuschreiben können. Auf das hiesige Publikum hat es auch keinen Eindruck gemacht.

Ew. Hochwohlgeboren werden nun meine Antwort auf Ihr vorletztes Schreiben erhalten haben; es ist also alles abgemacht. Ich denke einen gewissen Hrn. Menschenin zu wählen, um Sie auf der Reise als Geschäftsmann zu begleiten. Bei Gelegenheit einer militärischen Expedition werde ich nächstens einige Bergbeamte nach dem Elborus schicken. Im Kabinet (einer Hofstelle) befindet sich eine ganze Ausgabe einer Flora von Pallas; von Thieren habe ich noch nichts ausgemittelt, indessen wird weiter umgefragt.

Ich habe die Ehre mit vollkommener Hochachtung zu sein

Ew. Hochwohlgeboren
gehorsamer Diener
C.

P. S. Im vorigen 1828 Jahre wurde am Ural Pla=
tina gewonnen . . . . 92 Pud 17 Pfund.
Im Jahre 1827 nur . . . 25 = 30 =
Früher noch weniger.

Die Nachricht über 1828 habe ich erst kürzlich erhalten.

16.

Berlin, 25. Februar 1829.

Hochwohlgeborener Herr,
Hochzuverehrender Herr Staats=Minister!

Ew. Excellenz habe ich zwiefach zu danken für alles was Ihre Sendung vom 18/30. Januar an delicater und großartiger Sorgfalt für mich enthielt und für die freund=liche Aufnahme meines lezten Briefes, über welchen auch Ihr gütiges Schreiben vom 5/17. Februar so wohlwollende Beruhigung giebt. Ich weiß was ich bei dem allen Ihnen persönlich verdanke und freue mich Ihnen das Gefühl mei=ner tiefen Erkenntlichkeit darbringen zu können. Der Wech=sel auf tausend zwei hundert Ducaten zur Reise nach St. Petersburg und zurük, ist richtig in meine Hände ge=kommen. Die Verfügungen in 9 Punkten habe ich (ver=zeihen Ew. Excellenz meinem Stolze) meinem Könige ge=zeigt. Der Ausspruch, daß es wohl keine Regierung in Europa giebt, welche mit mehr Munificenz und zugleich ehrenvoller und zarter einen Reisenden behandelt, der nur durch die ausdauernde Kraft seines reinen Willens hat einige Aufmerksamkeit auf sich ziehen können, bietet sich jedem dar. Ich nehme einfach und dankbar und ehr=erbietig an, was ein mächtiger und so rein menschlicher

Monarch mir schenken will, und was ich gewiß allein zu wissenschaftlichen Zwekken verwenden werde.

Seit mehreren Tausend Jahren gelten die Gelehrten für etwas zudringlich und die Reisenden aus den Wäldern des Orinoco bestätigen, wie Ew. Excellenz bald sehen werden, die alte Regel. Die Güte welche Sie mir in Ihrem lezten Schreiben in jeder Zeile äußern, giebt mir Muth, eine Bitte, die ich seit Monathen auf dem Herzen habe, vorzulegen. Ich bringe keinen Koch mit, da jeder von hier nur sehr unbequem sein würde und ich gerne auf Bequemlichkeit verzicht leiste, aber ich wage die Bitte an Ew. Excellenz, außer dem Chemiker und Mineralogen Prof. Gustav Rose, auch meinen Freund, den thätigen und gelehrten Zoologen und Botaniker (er ist sonderbar genug beides zugleich) Prof. Ehrenberg, der schon Palästina, Nubien und Abyssinien durchwandert hat, mit nach dem Ural und Tobolsk zu nehmen. Hr. Ehrenberg, den unser König sehr auszeichnet und bisweilen nach der Pfauen=Insel einladet, ist mir zugleich eine ärztliche Hülfe. Ein Mensch mehr soll die Kosten der Reise (ich werde dafür sorgen) nicht vermehren. — Er ist still und bescheiden, und vielleicht könnte er, in andern Jahren, Ihrer Regierung einmal für die südlichen Provinzen nüzlich werden. Unsere Sammlungen sind unbeschreiblich durch ihn bereichert worden, z. B. mit 360 Fischarten aus dem Rothen Meere. Sollte mir diese lezte unbescheidene Bitte gewillfahrt werden, so ersuche ich ganz gehorsamst, außer Hr. Prof. Rose auch Hr. Prof. Ehrenberg beim Kaiserlichen Zoll in Polangen zu nennen. Lassen Ew. Excellenz mir gewogentlichst bald (ja nicht mit eigener Hand) einige Beruhigung darüber gewähren. Ich freue mich und erstaune über die Zunahme der Platina=Ausbeute 92 Pud! Bolivar's unruhiger und nachahmender Geist wird gewiß Ihrem Beispiele folgen. Ich werde noch diese Woche durch Communication mit columbischen Gesandten auf ähnliche Prägung bringen.

Mit der innigsten Verehrung

Ew. Excellenz

ganz gehorsamster

Al. Humboldt.

Würde es schiklich (oder lästig) sein, wenn ich, durch Ew. Excellenz Sr. Majestät dem Kaiser einen ganz kurzen Brief zukommen ließe, in dem ich in ganz allgemeinen Ausdrükken dem großherzigen Monarchen die Huldigung meiner ehrerbietigsten Dankgefühle zu Füßen legte?

Das seltene nicht kaufbare Werk ist Pallas Fauna Rossica. Auf die lehrreiche Begleitung des Herrn Menschenin freue ich mich sehr.

———

17.

(Copie.)

St. Petersburg, 1/13. März 1829.

Das schätzbare Schreiben Ew. Hochwohlgeboren vom 25. Februar n. St. ist mir heute zugekommen, gerade als ich zu Sr. Majestät dem Kaiser zum Vortrag fahren wollte. Ich habe also Gelegenheit gehabt, die Sache wegen der Mitreise des Hrn. Professor Ehrenberg gleich abzumachen. Se. Majestät willigen gern ein, daß dieser würdige Mann Ew. Hochwohlgeboren begleiten möge.

Es ist deshalb an die Zollbehörde das weiter Nöthige erlassen worden.

Es findet nicht den geringsten Anstand, wenn Sie dem Kaiser ein Schreiben übersenden wollen; es wird am besten sein, wenn Ew. Hochwohlgeboren es mir versiegelt schicken, weil es auf diese Art am schnellsten zu des Monarchen Händen kommt.

Der Brief an den Kaiser dürfte, ich bitte, nichts über mich enthalten.

Die Fauna rossica (zoographia rosso-asiatica) ist aufgefunden, aber ohne Kupfer, so wie die Flora. Sie warten auf Ihre Ankunft.

Ich antworte diesmal nichts auf so manches Gefällige,

was in Ew. Hochwohlgeboren Briefe enthalten ist, da ich gerade ziemlich beschäftigt bin.

Ich habe die Ehre die Versicherung meiner vollkommenen Hochachtung beizufügen.

C.

Sr. Hochwohlgeboren
Herrn A. v. Humboldt.

18.

Berlin, 6. April 1829.

Ew. Excellenz

gewogentliches Schreiben vom 12. März hat mir die freudige Nachricht von Ihrer Einwilligung in die Begleitung des Professors Ehrenberg gebracht. Ich fürchte einförmig in dem Ausdruk meiner Dankgefühle zu werden. Ich denke, wenn der König nicht einen Aufschub verlangt, den 13. oder 14. d. M., also in wenigen Tagen, hier abzureisen und (da ich 2—3 Tage zusammen in Königsberg und Dorpat sein werde) in den lezten Tagen unseres Aprils Ihnen persönlich meine Verehrung zu bezeigen. Ich bitte meinen Jugendfreund, Hr. General von Schöler, mir bei Dehmuth ein Quartier zu bestellen.

Ich wünschte sehnlichst, Sr. Majestät dem Kaiser, noch in Petersburg selbst meine Cour zu machen. Nach hiesigen Gerüchten, die wohl sehr ungewiß sein mögen, soll der Monarch seine Reise nach Warschau den 4. unser's Mai's antreten. Viele Personen aus allen Theilen von Rußland haben an mich geschrieben, mit dem Wunsche mich zu begleiten. Ich habe allen diesen mir völlig unbekannten, aber gewiß sehr achtbaren Personen geantwortet, Ew. Excellenz allein hätten über diese Reise zu bestimmen und alles was Sie beföhlen, würde mir angenehm sein. Von einem jungen Finnländer, Dr. von Nordtmann, der hier studirt scheint man selbst in Petersburg (wie ich aus einem sehr schmeichelhaften Briefe des Hrn. Staatskanzlers von Finnland, Gr. von Rehbinder ersehe) geglaubt zu haben, ich habe ihn als Begleiter erwünscht, aber dieser, wie man mich sonst versichert, sehr kenntnißvolle junge Mann (lahm an einem Fuß) ist mir vor Empfang des Briefes ganz unbekannt gewesen. An die zarteste Sorgfalt Ew. Excellenz gewöhnt, habe ich Ihnen nur für die Befehle zu danken, welche ich gewiß zur Erleichterung der Visitation in Polangen für meine 2 Wagen (die ich in Petersburg stehen lasse), mit Prof. Gustav Rose und Prof. Ehrenberg gehorsamst zu danken. Wir haben nichts bei uns, als gebrauchte Kleidungsstükke, Instrumente und Empfehlungsbriefe des Königs und Kronprinzen an die Kaiserliche Familie. Ich wage es Ew. Excellenz einen Danksagungsbrief an seine Kais. Majestät und zwar, wie Sie befohlen, versiegelt beizulegen. Ihres Namens ist in dem Briefe nicht erwähnt, was mir nicht leicht geworden ist.

Die Leiden meiner unglüklichen Schwägerin haben endlich aufgehört. Sie ist eines nicht schmerzlichen Todes entschlafen, und dieser Verlust hat meine frühere Abreise erschwert.

Mit der innigsten Verehrung

Ew. Excellenz
ganz gehorsamster
Al. Humboldt.

Der König hat mich heute in einem sehr freundlichen Kabinetsschreiben zum wirklichen Geheimen Rath ernannt. Die früheren Ahndungen Ew. Excellenz haben mir also Glük gebracht. Ich bin aber neidisch auf die Gelehrten die Sie nach dem Ararat (!) — Elbruz senden. An Prof. Kupfer besitzen Sie einen sehr wichtigen Mann.

19.

Moskau, 14/26. Mai 1829.

Ew. Excellenz

werden gewogentlichst erlauben, daß ich in dieser Nacht die Abreise des Hr. v. Hamel benuze, um Ihnen ein kleines Zeichen des Lebens und der dankbarsten Erinnerung zu geben, an alle die Beweise der Auszeichnung und des Wohlwollens, mit denen Sie mich und meine Begleiter während unseres angenehmen Aufenthaltes in Petersburg überhäuft haben. Unsere Reise ist sehr bequem und glüklich gewesen. Wie konnte es anders sein, bei der Sorgfalt, die Sie dieser Unternehmung geschenkt? Mit Herrn Menschenin leben wir in der besten Eintracht; er ist stets gefällig und thätig. Auf den Waldai=Hügeln sind wir einen halben Tag mit dem Barometer umhergestreift. Der höchste Kamm der Wasserscheide hat an 800 Fuß über dem Meere. Ew. Excellenz wissen, wie sanft der südliche Abfall ist, und daß das Plateau von Moskau wieder über 740 Fuß ansteigt. Von aller Auszeichnung, die man mir erwiesen, in der Universität und von den Vornehmen der Stadt, sage ich Ihnen nichts. Wir müssen morgen noch bleiben, wegen eines großen, feierlichen Mittagsmals. Wir reisen gewiß übermorgen früh ab, — mich sehnt nach der blauen Luft und den Bergen! Der alterthümliche Charakter dieser Stadt, der sich leider nach und nach verwischt, hat mich unendlich interessirt. Der Kreml ist ein großes historisches Monument, und spricht lebhafter die Einbildungskraft an, als Karamsin's großes Geschichtsbuch. Ich gedenke mit Dankbarkeit der Abendunterhaltungen, die mir Ew. Excellenz geschenkt. Möchte ich bald erfahren, daß Sie nicht mehr leiden. Empfangen Sie den Ausdruk meiner innigsten Verehrung

Ew. Excellenz

ganz gehorsamster

Al. Humboldt.

Darf ich Ew. Excellenz gehorsamst bitten, der liebenswürdigen Frau Ministerin mich ehrerbietigst zu empfehlen und die Einlage gewogentlichst befördern zu lassen. Sie verzeihen solche Freiheit dem Reisenden aus den Orinoco-Wäldern! —

20.

Kasan, 27. Mai 1829, Nachts 2½ Uhr.

Ew. Excellenz

mache ich es mir zur angenehmen Pflicht, in den wenigen Augenblikken, die die Hospitalität der Einwohner uns frei läßt, die glükliche Fortsetzung unserer genußreichen und interessanten Reise zu melden: über Murom, wo die Linie ohne magnetische Abweichung, über Nishne, wo der kostbare ungeschüzte Basar unter Wasser liegt, nach Kasan und Bulgara. Den Weg von Nishni nach Bulgara haben wir auf der Wolga zurükgelegt, deren Ufer zwischen Schneeflokken jezt mit der reizendsten Vegetation prangen. Die hiesigen Tatarenfeste haben uns einen überaus interessanten Anblik gewährt. Prof. Fuchs geognostische Sammlungen vom Ural, die Gesellschaft von H. Semenoff, dem überaus gelehrten Astronomen, den ich schon in Paris hatte schäzen gelernt, die freundliche Aufnahme des sehr gebildeten Curators, H. v. Puschkin, haben unsern Aufenthalt in dieser pittoresken Stadt sehr interessant gemacht. Unsere Instrumente leben alle, troz der Wege bei Wladimir und der etwas allzumuntern, raschfahrenden Postillons.

Das Gestein, ist leider! fast überall durch Lettenlagen der mineralogischen Untersuchung entzogen. Wir reisen morgen in aller Frühe nach Perm und Catharinenburg ab. Gr. Polier, der schon vorangegangen, ist uns auf der Wolga und in Bulgari, wo er hübsche Zeichnungen entworfen, eine angenehme und erheiternde Gesellschaft gewesen. Meine Reisebegleiter empfehlen sich ehrerbietigst Ew. Excellenz, und sind (wie ich) voll dankbarer Erinnerung an den Staatsmann, der (mitten unter dem Drange der wichtigsten Geschäfte) so liebreich für unsere Reise gesorgt hat. Hr. Menschenin's Hülfe brauche ich nicht aufs neue zu rühmen. Der Bau Ihres herrlichen technischen Institut's ist nun gewiß in vollem Leben. In Moscau haben wir einen überaus talentvollen praktischen Chemiker in der künstlichen Brunnen-Anstalt (Hr. Herrmann) gefunden. Müdigkeit zwingt mich zu schließen. Mit dankbarster Verehrung,

Ew. Excellenz
ganz gehorsamster
Al. Humboldt.

Neue zudringliche Bitten für die Einlagen.

21.

Katharinenburg, 9/21. Juni 1829.

Ew. Excellenz

sollte ich fürchten, mit meinen häufigen Briefen zu belästigen, wenn nicht die freundliche Aufnahme, welche Sie mir in Ihrem Hause geschenkt, mir die Gewißheit gäbe, daß Ihnen auch diese flüchtigen Zeichen des Lebens und Wohlsein's angenehm sind. Ueberall genießen wir die Früchte Ihrer Sorgfalt und überall fühlen wir uns daher auch angeregt, Ihnen zu danken. Unsere Reise durch ein schönes, waldreiches, mit herrlicher Frühlingsvegetation geschmüktes Land, ist nicht bloß angenehm, sondern auch von reicher wissenschaftlicher Ausbeute in geognostischer Hinsicht gewesen. Unsere meteorologischen, magnetischen, astronomischen Instrumente sind noch alle wohl erhalten und an der Grenze des Europäischen Rußland's, in den Gouvernements Wiatka und Perm, sind die Wege schöner, wie in England. Von Malmysch an werden die Waldungen voll Linden, Pappeln und Tannen durch Gruppirung der Bäume, sehr, sehr reizend. Sonderbar (wir untersuchen überall die Bestandtheile des aufgeschwemmten Landes), daß so weit westlich vom Ural der zum Wegbau dienende Kies eisenschüßigen Quarz, Porphyr und Grünstein=Brokken, wie die goldhaltigen Alluvionen des Ost=Urals enthält, und dieser Kies liegt auf Flözgebirgen! In Perm hat uns der Gouverneur angenehm unterhalten; dann die mahlerischen, hölenreichen Gypsberge um Kungur und der Anfang des Ural bei Bisserskaja. Eine große große Zahl von Barometer-Messungen an beiden Abfällen des Ural und auf dem sänftigen Plateau, werden eine interessante Profil-Zeichnung und sichere Resultate über die Wasserscheide (divortium aquarum) geben. Die Kenntniß der wahren Configuration des Bodens ist, wie ich glaube, für die Leitung der bergmännischen Arbeiten nicht unwichtig. Durch die Veranstaltung des hiesigen Hrn. Intendanten und des leider! sehr kranken Hrn. Berginspectors, haben wir in Catharinenburg seit 3/15. Junius, alle ersinnliche Erleichterung und Hülfe gefunden, die herrlichen Gold-Alluvionen von Schabrowski, die Gestein-Arten der Schleiferei (in denen wir üppig geerndtet), die Steinbrüche von Orlezowa, die Hüttenwerke von Jacowlew, in denen Pracht und verständige Ordnung gepaart sind; von der Gräfin Strogonow in Bilimbajewski; von H. Jarzow in Nishne Schaitanski und vor allem die Befahrung der Gruben von Beresow (Blagoweschtschenski bis auf den Stollen und in dem glüklicher Weise ganz trokenen Preobrashenski, von ganz eigenthümlicher Gangbeschaffenheit), die Goldwäschen von Beresow, die Untersuchung des von Granitfelsen umgebenen hohen See's Bolschoi Schartasch, der mit den umliegenden Morästen zu dem aus Klüften eindringenden Wasser der Grube Blagoweschtschenski beiträgt, haben uns ernsthaft beschäftigt. In Zarewo Pawlowski wurde eben wieder ganz unter dem Rasen ein 1 Pfund schweres Stük Gold gefunden. In der reichen Goldwäsche Nagorny Rudnik erkannten wir mit dem Golde sehr kleine Granaten, Ceilonite und weiße Zirkone von Demantglanz. In Beresow, wo wir

2½ Tage waren, fanden wir an dem Commendanten und Oberhüttenverwalter Kokscharof einen sehr lebendigen praktisch-unterrichteten, verständigen Mann. Eben dort erkennt man auch mit Freude die Wirkung guter Erziehung in Ihrem großen Petersburger Institute. Zwei junge Leute, Zöglinge dieses Institut's, Hr. Voelkner und Katschka, die uns unter und über Tage begleitet, sind recht ausgezeichnet. Ueber die jezt hier diskutirten Vorschläge zur Gewältigung der Wasser in Beresow, suche ich mir genaue Kenntniß zu erwerben. Mangel an Holz macht lange Anwendung von Dampfmaschinen (dem kürzesten und mächtigsten Mittel) bedenklich. Lange Feldgestänge und lange Wasserleitungen für Kunstgezeuge sind noch kostspieliger und unrathsamer. Versuche die nahen Sümpfe auszutroknen, möchten wohl wegen der Höhe des dominirenden See's Schartasch unwirksam sein. In 1 Monath hat sonst die Dampfmaschine 1 Sag. der Wasser vermindert (gewältigt). Ein 6—7 monathl. Gang der Maschine (der nicht unterbrochen wäre) würde also das jezige Tiefste in Blagowetschenski erreicht haben. Alle Wasser kommen gewiß von oben, wäre also die Grube trokken, so würde man klar sehen, wie durch unterirdische Baue (die besten von allen) und durch Verspündungen und Querschläge, auf die einfallenden Wasser gerichtet, jene Wasser gehindert werden können, dem Tiefesten zuzufallen, wie man sie den Wasserstollen zuführen kann! Bei einer ganz ersoffenen Grube wissen Ew. Excellenz selbst, wie schwer es ist, sicher über die Menge der Wasserzuflüsse und die Bauwürdigkeit des Tiefsten zu urtheilen, um nicht die Krone zu unnüzen Kosten zu verleiten. Möchte nur eine noch einmalige, wenn auch temporaire Austroknung auf ein halbes Jahr durch viele Pferdegöpel möglich sein (da Anschaffung der Pferde weniger kostspielig als Anschaffung von Feuermaschinen in den hiesigen Localverhältnissen ist). Man würde dann von dem Zustande des Kranken sich überzeugen können, ehe man ihn ganz verurtheilte. Die Erhaltung der gewiß noch nicht ganz erschöpften, wenn gleich sehr unvortheilhaft gelegenen Grube, wäre wohl zu wünschen, und vielleicht, so lange die Goldwäschen Ueberschuß geben, einige Aufopferung für den unterirdischen Bergbau zur längeren Erhaltung des Uralischen Wohlstandes zu erlangen. Seit 2 Tagen leiden wir hier sehr vom Regen, da wir immer in freier Luft sind. Morgen gehen wir auf 2 Tage nach Mramornaja Lomka, Polewski und Goumeschewski, gegen den 14/26. Juni treten wir unsere nördliche Reise nach N. Tagilsk und Bogoslowsk an. Ich schreibe Ew. Excellenz lange und doch uninteressante Briefe, da ich noch immer einsammle, und in meinen Resultaten erst nach vollendeter Reise zu einiger Sicherheit gekommen sein werde. Ich erneuere Ew. Excellenz in meinem Namen und dem meiner arbeitsamen Gefährten die Versicherung der dankbarsten Verehrung.

Al. Humboldt.

Innigen Dank für die hier erhaltene officielle Nachricht über Ew. Excellenz gewogentliche Verwendung für die Forderung des Preußischen Majors Broseke.

Darf ich von neuem so unbescheiden sein, Ew. Excellenz zu bitten, die Einlage in das Haus des Preuß. Gesandten zu senden?

———

22.

Katharinenburg, 5/17. Juli 1829.

Ew. Excellenz

eile ich von unserer, auf morgen bevorstehenden Abreise von Katharinenburg nach Tobolsk, wie von unserer glüklich beendigten Untersuchung des nördlichen Theils des Urals ganz gehorsamst Nachricht zu geben. — Es ist nun ein voller Monath seitdem wir in diesem schönen Gebirge sind und ich kann versichern, daß wir für alle Beschwerden, welche auch bei den trefflichsten Anstalten und der rühmlichsten Zuvorkommenheit aller Behörden, in diesen oft unwegsamen, morastigen Waldgegenden nicht ganz zu vermeiden sind, durch den Anblik des industrieusen Gewerbes und der großen Mannichfaltigkeit der Gebirgsarten überreichlich belohnt worden sind. Da wir den ganzen Tag in freier Luft zubringen, ja bisweilen erst Abends 9 Uhr in den Gruben anfahren, um Zeit zu gewinnen, so glauben wir recht vollständig alle wichtigen Punkte der Gruben, Steinbrüche, Gold- und Platina-Wäschen und die etwas einförmigen Sawod's untersucht zu haben. Es giebt gewisse Seiten, in denen die wissenschaftliche Geognosie mit der verständigen Aufsuchung und Benuzung der Mineralien, also mit dem eigentlichen praktischen Bergbau, in genauen

Contact tritt. Dazu dienen besonders allgemeine Ansichten der Formation, der Lagerung, der Analogie mit andern viel untersuchten Gebirgs-Gegenden. Solcher Ansichten denke ich besonders einige in einem Aufsatze (gleich nach meiner Rükkunft in Berlin) mit nochmaliger Prüfung der gesammelten Gebirgsarten, nächsten Winter zusammenzustellen und Ew. Excellenz zu überreichen. Ich weiß wohl, daß Sie (auch dem rein Wissenschaftlichen hold) geben, ohne abzunehmen; aber da ich täglich empfange, so denke auch ich ernsthaft darauf, für so viel Güte und Auszeichnung etwas zu erstatten. — Meine noch nicht ganz publicirte Reise nach der Tropen-Gegend des Neuen Continents, eine neue Bearbeitung meines Werks über Schichtung und Lagerung der Gebirgsarten, zu der mir der Ural viel Materialien liefern wird, die Herausgabe meines Collegiums über physische Weltbeschreibung, zwingen mich, nur das Allgemeine, die größeren Ansichten enthaltend, zusammenzudrängen, zugleich aber werde ich, da eine specielle Charakterisirung und Analyse der Fossilien von einem Manne von ausgezeichnetem Rufe Ew. Excellenz doch angenehm seyn wird, Prof. Rose auffordern, das Einzelne der Localitäts-Verhältnisse und der chemischen Untersuchung des Gruben- und Wasch-Goldes und anderer Metalle in einer besondern Schrift auszuarbeiten. — Es versteht sich von selbst, daß wir uns beide nur auf die todte Natur beschränken und alles vermeiden was sich auf Menschen-Einrichtungen, Verhältnisse der untern Volksklassen bezieht: was Fremde, der Sprache unkundige, darüber in die Welt bringen, ist immer gewagt, unrichtig und bei einer so complicirten Maschine, als die Verhältnisse und einmal erworbenen Rechte der höhern Stände und die Pflichten der untern darbieten, aufreizend ohne auf irgend eine Weise

zu nützen! Die wissenschaftliche Ausbeute von Barometer=
Messungen, Beobachtungen der magnetischen Inclination und
astronomischen Kräfte, astronomischen Ortsbestimmungen,
brauche ich kaum zu erwähnen, da Ew. Excellenz meine
Vorliebe für diese Arbeiten kennen. Der arme arbeitsame
Prof. Ehrenberg klagt noch immer über die Berlinische
Vegetation, die wir nicht abstreifen können. Unter 300
Pflanzen kaum 40 sibirische. Wir hoffen auf den Obern
Irtysch, wenn ich etwa bis Semipalatna und Buchtorma
komme. In Flußconchylien sind wir glüklicher gewesen.
Nach der Excursion in die Turtschaninowschen Besizungen
von Goumechewsky (Quelle der herrlichen Malachite, aber
ein heilloser Grubenbau!) und Polewski, wo wir an Hrn.
Solomirski einen sehr thätigen, unterrichteten, Ew. Excellenz
zu empfehlenden, Mann gefunden haben, reisten wir am
13. Junius über die reichen Goldwäschen von Werchneturinsk,
Neviansk, Nishni Tagilsk, (wir waren 3 Tage in den
Platina-Alluvionen, die, ohne Mengung mit Goldsand, alle
auf dem europäischen westlichen Abfall des Urals gegen
den Fluß Utka frei liegen!), Kuschwa mit dem Magnetberg
Blagodat (ein Kron=Sawod, dessen Ordnung und reinliche
Arbeit nicht genug zu rühmen ist) nach Bogoslowsk. Bei
N. Tagilsk ritten wir durch einen dikken Wald, mit tau=
senden von umgefallenen halbabgebrannten Baumstämmen,
nach der Belaya Gora, den wir erstiegen. Er ist an 400
Toisen hoch. Der Intendant von Bogoslowsk, ein sehr
verständiger, tüchtiger, praktischer Bergmann, Hr. Hütten=
verwalter Völkner in Beresow, der uns viel im Gebirge
begleitet und der Assessor Helm allhier, gehören zu den
ausgezeichnetsten Menschen, die wir hier gesehen. Bogos=
lowsk wird von großer großer Wichtigkeit für Goldsand.
Ueberall bei Pawdinski und Petropawlowski ja noch nörd=

licher bei Saoserski macht man die wichtigsten Goldentdeckungen. Bogoslowsk wird vielleicht in 2 Jahren 18—25 Pud ☉ geben können. Ueberhaupt scheint mir die Goldausbeute des Urals noch auf lange gesichert. An Händen fehlt es freilich, aber dieser Mangel liegt an der schlechten Vertheilung und Anwendung der menschlichen Kräfte, bei den Privat-Sawod's in den Verhältnissen der Krepostnoys und Masterowoys... Um 150,000 Pud Eisen hervorzubringen in 1 Jahre, braucht man in England und Deutschland nicht so viele Tausende von Menschen. Aber ½ Jahrhundert würde wohl nicht hinreichen, solche Uebel, die in der Lage der untern Volksklassen gegründet sind, in der Nicht-Absonderung der Beschäftigungen (da 1 Mann Gußwaare macht, Bäume fällt, Gold wäscht), zu zerstöhren. Eben so complicirt ist alles was sich auf Forstcultur bezieht! Wie wahr habe ich alles gefunden, was Ew. Excellenz mir über einreißenden Holzmangel sagten. Wie selten sind große Stämme und welche Verwüstungen richtet das Feuer an! Dem Eisenbetriebe droht Gefahr und alles was man mir als Steinkohlen am Ural gezeigt (ich nehme den östlichen von Solikamsk aus), ist Braunkohle mit Braunstein. Unsere Rükreise von Bogoslowsk haben wir bei beständigem Gewitterregen über Werchoturje, Alopajewsk, und die Beryll-, Topas- und Amethyst-Gruben von Mursinsk und Schaitansk gemacht. Die Qual der Mükken verfolgte uns hier bis in die Schächte! Die hiesigen Münzen und besonders das schöne Goldschmelzen unter Mund und Waitz (der einen recht lebendigen Talentvollen Bruder in der Kanzlei hat), sind in der besten Ordnung; die Maschinerie ist freilich sehr veraltet, aber sie funktionirt, wie man es verlangt. Bei dem Berginspektor habe ich noch immer über den Kranken (die ersoffene Beresower Grube) conferirt.

Mit innigster Verehrung

Ew. Excellenz

ganz gehorsamster

Al. Humboldt.

Meinen freundschaftlichsten Respekt Ihrer Excellenz der liebenswürdigen Frau Ministerin! Wie soll ich Ihnen genugsam für die uns bis Bogoslowsk sorgsam nachgesandten Berliner Zeitungen danken! Der Kaiser hat sich in meiner Familie in Berlin auf das huldreichste über mich und meine Reise nach Siberien ausgedrükt. (Mein Vater, Ew. Excellenz wünschen es zu wissen, hieß Georg Alexander.) Wir haben hier von Ihrer gütigen Erlaubniß Gebrauch gemacht, unsere Sammlungen dem Hrn. Intendanten zur Besorgung nach Petersburg (vor dem 10. October) zu übergeben. Ew. Excellenz lassen diese Kisten wohl an die Gesandschaft abgeben. Von allen Gebirgsarten, die wir gesammelt (nicht von Erzen und Gangstükken, die Ihr Kabinett viel herrlicher besitzt) haben wir die Hälfte für Ew. Excellenz bestimmt. Prof. Rose hat diese Gebirgssammlung in 1 Kiste zusammengepackt (es sind 252 von uns sorgfältig benannte Stükke), welche, um sie von den unsrigen zu unterscheiden eine eigene Aufschrift auf Blech führt. Unter diesen Gebirgsarten findet sich der vulkanische Porphyr, den Prof. Rose in Bogoslowsk entdekt, und welcher den körnigen Kalkstein in der Berührung in eine Jaspisartige Masse verwandelt hat.

———

23.

(Copie.)

St. Petersburg, 19/31. Juli 1829.

Ew. Exzellenz mir so werthes Schreiben v. 5/17. Juli habe ich vor einigen Tagen erhalten und bringe dafür meinen herzlichen Dank.

Sie werden unterdessen längst den Uebergang über den Balkan, das Vordringen bis jenseit Kornabat, und östlich, die Einnahme von Erzerum, nicht sehr fern von den wichtigen Kupfer- und Silber-Gruben Gumisch-Chane (in der Richtung von Trabisont) erfahren haben. Unser Publikum ist natürlich auf's Höchste mit diesen angenehmen Nachrichten beschäftigt, und wie billig. Ueberhaupt macht das Zerstörende immer einen viel mächtigeren Eindruck auf den Menschen. Wir kennen den Zerstörer des delphischen Tempels, seinen Erbauer, wenn ich nicht irre, nicht.

Ich habe die unvermeidlichen Beschwerden, von denen Sie schreiben, vorhergesehen. Ich fürchte, daß der Herbst noch mit größeren hereinbrechen wird.

Ich hoffe etwas gewiß sehr Nutzbares von den Ansichten Ew. Exzellenz. Kritik des Einzelnen habe ich nicht erwartet. Die Arbeit des Herrn Professor Rose wird mir sehr willkommen sein. Ich empfehle mich ihm, so wie Herrn

Professor Ehrenberg, dem ich eine recht antiberlinische Flora wünschen möchte.

Man hat hierher von einem merkwürdigen Stück Serpentin mit Gold eingesprengt geschrieben, welches neuerlich aufgefunden worden und das erste seiner Art sein soll.

Ich bin ganz Ihrer Meinung, wenn Sie sich nur wenig mit den politischen Verhältnissen der Ural-Bewohner beschäftigen wollen, nicht sowohl wegen der Schwierigkeit, die Art oder Unart solcher althistorischer Verhältnisse zu erforschen, als wegen der Kläglichkeit der menschlichen Dinge, wo die Masse immer der Gewalt, der List oder dem Geld hörig ist. Laute Klagen führen daher zu Nichts; man muß in der Stille wirken, so viel thunlich, den Menschenzustand zu bessern. Doch muß ich mir ergebenst vorbehalten, daß mir Ew. Excellenz gelegentlich alles das mittheilen möchten, was diesen wichtigen Gegenstand anbelangt.

Es ist Schade, daß die herrlichen Turtschaninowschen Werke im Prozeß liegen. Viele Erben sind in einem schmählichen Streit begriffen. Der Senat hat die Werke unter Kronsaufsicht nehmen lassen. Die eine Parthie will die Kommission unters peinliche Halsgericht gebracht wissen; die andere bittet flehentlich diese unvergleichliche Kommission ja nicht aufzulösen. Gerecht sein wollen, ist hier das Mittel allen zu mißfallen, weil alle mehr oder minder Recht oder Unrecht haben; und ich glaube, daß ich in diesem Fall bin. Herrn Solomirsky hatte ich früher Gelegenheit gegeben mit Hrn. von Meiendorf zu reisen, wenn es nicht sein Bruder ist.

Sehr freut mich die Idee, welche Sie von der Fortdauer der Goldgewinne haben. Nach den letzten Nachrichten sind in Bogoslowsk Goldsände in Massen entdeckt worden, welche 8 Solotnik in 100 Pud Sand, enthalten.

Ich werde die von Ew. Excellenz empfohlenen Personen im Auge halten.

Die bösen Aussichten des Waldwesens haben mich zu einer Erweiterung der Forstschule bewogen, um gelernte Forstmänner auf die Bergwerke zu schicken. Leider geht das Gute mit Schneckenschritt, das Uebel fliegt.

Es ist schon der Vorschlag im Werke, in Katharinenburg eine neue Münze zu bauen.

Tausend Empfehlungen von meiner Frau.

Gleich nach Eingehen der abgegebenen Kisten mit Mineralien sollen sie besorgt werden. Vorläufig meinen vollen Dank.

Ich wünsche Ihnen, verehrungswürdiger Freund, eine glückliche und Ausbeutereiche Fortsetzung Ihrer Reise und bin mit unwandelbarer Hochachtung

      Ew. Excellenz
        ganz ergebenster Diener
          C.

———

24.

Tobolsk, 11/23. Juli 1829.

Ew. Excellenz
würde ich nicht aufs neue mit diesen Zeilen und mit der Nachricht unserer glüklichen Ankunft in dieser anmuthig=gelegenen Stadt belästigen, wenn ich Ihnen nicht von einer kleinen Erweiterung unserer Reisepläne zu reden hätte. — Das Wetter ist herrlich, die Wege sind abge= trofnet und wir haben über 10 Tage in unserem Reise= project bereits erspart. Statt also von Omsk aus die Excursion nach Semipalatna zu machen, bei der ich zweimal dieselbe Steppe passiren müßte, werde ich von hier über Tara, Kainsk, Barnaul und den Schlangenberg nach Ust= Kamenogorsk und Buchtarma und von da über Ust= Kamenogorsk zurük nach Semipalatna, Omsk und Troizk gehen. Wir sehen dann die köstlichen Steinschleifereien der Krone und die Silbergruben des Schlangenberges; wir haben die Hoffnung in der Nähe der chinesischen Mongoley endlich einmal einige seltene Producte des Thier= und Pflanzenreichs aufzufinden. Es würde mich unendlich schmerzen, wenn ich ahnden könnte, daß Ew. Excellenz diese Excursion misfiele, aber Sie haben Selbst in dem 6. Artikel der so überaus liberalen, mir schon am 18. Ja=

nuar nach Berlin gesandten Instruction es mir ganz über=
lassen, dahin meine Reise zu richten, wo ich nüzliche
wissenschaftliche Zwekke zu erreichen hoffen könnte. Ich
kann dem Drange nicht widerstehen, eine mir von Ihnen
geschenkte Gelegenheit, die sich vor meinem Tode nie wieder
darbietet, zu benuzen.... Einen Augenblik ist es mir ein=
gefallen, ob es nicht vielleicht undelicat sei, die Reise durch
einige Tausende von Wersten zu vertheuern; aber ich habe
mich mit der Hofnung getröstet, daß von dem mir persön=
lich anvertrauten Gelde ich ohnedies einen nicht unbe=
trächtlichen Theil werde zurükgeben können. — Unsere
Equipagen sind im besten Stande, sie bleiben in Ust=
Kamenogorsk stehen, während wir die Excursion nach
Buchtarma auf langen Wagen hin und zu Wasser zurük=
machen. Wir hoffen 17/29. August in Omsk und 22. oder
23. August in Slatoust zu sein. Der General=Gouverneur
von Tobolsk, der uns mit Höflichkeiten überhäuft, giebt
uns einen seiner Adjutanten zur Begleitung mit. Ueberall
finden wir (Dank sei es der Fürsorge Ew. Excellenz) die
freundlichste Aufnahme. Gegen die Mükken sind wir durch
erstikkende Masken gepanzert; ohne Beschwerden kann man
keinen Genuß des Lebens haben! Das Land ist schön, seit
Tjumen, wo Barometer=Messungen zeigen, daß es bis zur
Meeresfläche hinabsinkt. Sonderbar, daß alle Zerstöhrungen
des östlichen Abfalls des Urals, der Siz Metall produci=
render vulkanischer Ausbrüche, (wir haben Pyroxen oder
Augitfels entdekt) nicht einen Rollstein, nicht einen Kiesel
in diese Irtysch=Ebene gebracht haben. Eben so merk=
würdig, daß am Ural und bis zum Baikal keine heiße
Quelle ausbricht; am Baikal erscheinen diese, wie in
Deutschland, erst mit Basalt und Mandelstein. Auch kein
Erdbeben aus denselben Gründen bis Irkutsk. Hansteen

und Erman haben hier überall den Ruf Ihrer Thätigkeit hinterlassen! Meine Freunde (Dr. Ehrenberg fertigt eben große Fischskelette an) empfehlen sich Ihrem gnädigen Andenken. Ich wünsche Ew. Excellenz herzlich Glük zu dem allgemeinen Enthusiasmus, den Ihre Ausstellung erregt!

Mit unwandelbarer Verehrung

Ew. Excellenz

ganz gehorsamster

Al. Humboldt.

Wir reisen morgen. Unsere Mineralien=Kisten haben wir Ew. Excellenz gewogentlicher Erlaubniß gemäß an das Bergcollegium adressiren lassen. Sie erlauben auch wohl, daß die Preuß. Gesandschaft die Kisten abholen läßt, um sie in Verwahrung zu nehmen. —

25.

(Copie.)

St. Petersburg, 6/18. August 1829.

Ich muß Ew. Excellenz auf das herzlichste für den raschen und so vortheilhaften Entschluß danken, die Bergwerke des Cabinets zu besuchen. Er muß die herrlichsten Folgen für die großen Ansichten geben (und kleine erwarten wir nicht), welche aus der Vergleichung der Cis- und Transuralischen Bergwerksgegenden hervorgehen müssen.

Ich bedauere, daß Ew. Excellenz von den Kosten sprechen, die in gar keinen Anschlag kommen können. Ich wünsche nur, daß Sie diese Reise gesund zurücklegen mögen.

Wir sind hier in der größten Erwartung, was nun von Cornabat und Aidos aus jenseits des Balkans weiter vorfallen wird.

Die hierher adressirten Kisten sollen besorgt werden. Ich bin überzeugt, daß dem Monarchen, und dem Hofminister, Fürsten Wolkonski, die Besuchung von Barnaul äußerst willkommen sein wird.

Ich befinde mich so ziemlich. Wollte Gott mich aus meinem Joch befreien! Ich grüße Ihre würdigen Hrn. Begleiter.

Mit unwandelbarer Hochachtung

Ew. Excellenz

gehorsamster Diener

C.

26.

Omsk, 15/27. August 1829.

Ew. Excellenz

verehrte und so überaus herzliche und freundschaftliche Briefe vom 18. und 30. Junius*) habe ich bei meiner Rükkunft von den chinesischen Vorposten (in der Songarey) dankbarst empfangen. Ich war etwas besorgt bei meiner Abreise von Tobolsk (am 12/24. Juli), ob Sie nicht meinen Entschluß, einen Theil des Altai, alle Kolywanschen Bergwerke und die romantische Gegend von Buchtarminsk zu sehen, tadeln würden. Diese Besorgniß war gerecht und nahm noch etwas zu durch die Nachricht, welche wir in Kainsk erhielten, daß in der Barabinskischen Steppe und 300 W. weiter bis Barnaul die Sibirische Pest, Yaswa, dieses Jahr den Menschen besonders gefährlich sei. Glüklicherweise sind wir alle gesund geblieben und haben eine große, große geognostische, botanische und zoologische Ausbeute gehabt! Der Beschwerden von Mükken, Hize und Staub hat es freilich einige gegeben; aber wenn man durch Ihre gütige Veranstaltung einem wichtigen wissenschaftlichen Zwekke nachstrebt, sind solche kleine Leiden, die den moralischen so weit nachstehen, leicht zu vergessen. — Denken Ew. Excellenz nun, wie groß meine Freude war, als Ihr lezter Brief mir in Ust=Kamenogorsk zwei

---

*) Fehlen.

Beruhigungen zugleich brachte, die Gewißheit, daß Ihnen meine Ausflucht nach dem Schlangenberge angenehm sei, und die Gewißheit, daß mein Andenken in Ihrem ganzen liebenswürdigen Hause lebendig ist. Sie schreiben "würdige Männer bringen in mich, Sie zu bereden, unsere Kolywanschen Bergwerke zu bereisen". Ich habe alle wichtigen Gruben: Schlangenberg, Ridderski und Syrianowski (jezt die wichtigsten von allen) sorgfältig befahren. Bei meinem Alter muß man nicht aufschieben: wenn man arbeitsam, immerfort der Sonne und der freien Luft, in jeder Witterung und fast in jeder Zone ausgesezt ist, und seine Pflicht der Erhaltung der Gesundheit vorzieht, schwinden die Kräfte früher hin. Wir kamen über Kainsk, Bergsk und Kainowska den 21. Juli nach Barnaul, wo wir 3—4 Tage blieben, von dem Intendanten Frolow gepflegt; dann der See von Kolywan, die Schleifmühle mit herrlichem Jaspis; 3 Tage im Schlangenberg, dessen geognostische Lagerstätte in Porphyr man bisher ganz verkannt hat; die Grube Ridderski (wo vulkanisches Gestein, Trachyt bei Butatschicha); Ust=Kamenogorsk 1/13. August; Reise auf langen Sibirischen Wagen (immer vom Adjutanten des General Weljaminow und vom General Litwinow aus Tomsk begleitet) nach Buchtarma, Krasnoyarsk, Narym und dem chinesischen Vorposten in Baty (Chonimailä=chu), ein recht gebildeter in Seide gekleideter chinesischer Officier mitten unter zerlumptem Mongolischen Soldaten=Gesindel; zu Wasser von Buchtarma nach Ust=Kamenogorsk zurük, wo wir häufig Granit als eine Eruptions=Formation über Thonschiefer ergossen gesehen!! und die Irtysch=Linie lang durch reinliche Kosakken=Dörfer nach Semipalatna (dort 1 Tag) und Omsk. Hier habe ich mich an der Kosakken=Schule, in der man mich in russischen, tatarischen und mongolischen Anreden begrüßt hat, ergözt. Der Urál ist freilich bergmännisch von großer Wichtigkeit, aber die eigentliche Freude einer asiatischen Reise hat uns doch erst der Altai, Kolywan, Syrianowski und Buchtarma verschaft. Die liebenswürdigen Zeilen der Frau Ministerin, die zu meinem Erstaunen vortreflich deutsch schreibt, werden in das Familien-Archiv gelegt. Mein nächster Brief aus Slatoust, wohin wir heute abgehen, wird an die liebenswürdige Frau von Cancrin gerichtet sein; heute bitte ich bloß Ihro Excellenz der Ministerin den Ausdruk meiner dankbarsten Verehrung darzubringen. Man läßt mir hier nicht Zeit zu schreiben wie ich wünschte. Ueber den Kolywaner Bergbau und den schrekhaften Silber-Verlust im Schmelzen mündlich! Wie sehr hat mich Ihre Rede über das Creditwesen erfreut! Unter solchen äußern Verhältnissen, so als Staatsmann an der Spize der Finanzen des größten Reichs zu stehen, ist ein einziger Ruhm für Sie und ich freue mich des Ruhms, den Sie Sich Selbst bereiten.

Ew. Excellenz
dankbarster
Al. Humboldt.

Sie wehen uns noch immer vaterländische Lüfte durch Uebersendung der Berliner Zeitungen zu! Langweilige Beschreibungen von Hoffesten, kranken Ministern, die nicht den Fakkeltanz tanzen können! Wie freue ich mich der Siege Ihrer Waffen! Ist Müfflings Reise nach Constantinopel gegründet? Sie könnte wichtig sein, weil er den lezten Willen Ihres Monarchen kennt. Meine Freunde empfehlen sich Ew. Exc. ehrerbietigst. — Bitte um Sendung zweier Briefe an Graf Galen, von der Preuß. Gesandschaft.

27.

(An die Gräfin Cancrin. Abschrift.)

Slatouſt, 29. Auguſt alten Styls 1829.

Ew. Excellenz

werden, wie ich hoffe, meine **deutſche Vorſicht** billigen, wenn ich dieſe Zeilen unter einer Adreſſe an Sie gelangen laſſe, welche ihnen Schutz und wohlwollende Empfehlung verheißt. Wie ſollte ich der Freude entſagen, Ihnen unmittelbar ſelbſt für Ihr gnädiges, freundliches Andenken, für den kleinen Brief zu danken, der mir (auf der Rückkehr aus dem himmliſchen Reiche der Mythe, aus dem Mongoliſch=chineſiſchen Gränzpoſten von Baty (Chonimailä=chu) nach Uſt=Kamenogorsk, an die Gränzen menſchlicher Civiliſation, gefolgt iſt. Das Briefchen war eine doppelte Ueberraſchung für mich: ich durfte nicht hoffen, daß unter den Zerſtreuungen der großen Kaiſerſtadt mein Sibiriſches Naturleben, mein unterirdiſches Treiben, ſo lebendig in Ihrer Erinnerung ſein könne. Ich erfuhr durch Sie ſelbſt erſt, und nicht ohne Stolz für mein Vaterland, daß deutſche Töne nicht bloß rein und milde aus Ihrem Munde wiederhallen, ſondern daß Sie auch im Schreiben alle Schwierigkeiten unſrer Sprache ſinnig zu löſen verſtehen. Ich will den Ausdruck meiner Dankgefühle abkürzen, damit Sie

nicht in Versuchung fallen, wie unsre überrheinischen Nach=
barn, deutsch und langweilig für synonym zu halten.
Ihr liebenswürdiges Briefchen bleibt im Familien=Archive,
als ein freundliches Denkmal Ihres Wohlwollens, Ihrer
Theilnahme an dem rastlosen, vielleicht thörichten Treiben
vierzigjähriger Reisen.

Im Vertrauen auf diese Theilnahme und die des hoch=
verehrten Ministers, dessen letztes, freundschaftliches Schrei=
ben vom 19/31. July ich so eben hier empfangen, erzähle
ich: wie wir nun die ganze Irtyschlinie der Kosaken, längst
der Kirgisen=Steppe, unter Begünstigung des schönsten
Wetters, von Narym und Krasnoyar (östlich von Buch=
tarminsk) bis Troizk bereiset haben, wie wir uns in
Semipalatna, Petropawlowsk und Troizk, unter Tasch=
kentern, Khivanen und andern Jurten=Menschen ganz nach
Inner=Asien verpflanzt glaubten; wie wir vom 22. August
bis heute die herrlichen Goldwäschen von Miask und die
Industrie=Anstalten von Slatoust studirt, wie wir an einem
sehr vergnügten Tage den Taganay bestiegen, allwo ich
(beim Fallen darf ich wohl nicht die lange deutsche Periode
in der Mehrheit fortspinnen) allwo ich, im Fallen in einen
Sumpf, leider! nicht mich selbst, sondern mein letztes Baro=
meter beschädigt habe; wie wir hier in der gastlichen Auf=
nahme bei dem verständigen Intendanten, Hrn. v. Agthe,
nach langer Entbehrung europäischer Nahrungsweise, unsre
prosaische Eßlust befriedigten; wie wir in Miask an Hrn.
Hofmann und Helmersen zwei anspruchlose, sehr, sehr un=
terrichtete, angenehme junge Reisende gefunden und, im
Namen der Wissenschaft, dem vortrefflichen Minister danken,
daß er solchen Männern Gelegenheit verschafft habe,
einen geognostisch=wichtigen Theil Russischer Gebirge zu
untersuchen.... Wir reisen morgen nach Kyschtym und

kehren über Miask zurück, um dann gleich den Weg nach Orenburg anzutreten, wo wir 8. Sept. (a. St.) zu sein hoffen. Meine Gesundheit erhält sich wie meine Freude an der freien Natur, auch komme ich (Sie errathen es nicht) vom Ball, den uns die hiesigen Meisterleute gegeben... Meine letzte Bitte an Ew. Exc. ist, meine freundschaftlichste, dankbarste Verehrung dem auszudrücken, dessen Händen ich diese unleserlichen Zeilen anvertraue.

A. Humboldt.

An meiner lebhaften Freude über die Siege am Balkan und in Erzerum zweifeln Sie wohl nicht. Es sind überraschende Begebenheiten, die sich so schnell folgen als sie unsre Wünsche herbeirufen; darf ich Ew. Exc. unterth. bitten, mich dem liebenswürdigen und talentvollen Gr. Polier, falls Sie ihn sehen, zu empfehlen. Hr. Hofmann und v. Helmersen, die 2 Barometer haben, werden mir das meinige ersetzen.

28.

Miask (3/15. September 1829).

Ew. Excellenz

werden etwa 8 Tage früher einen langen Brief an die liebenswürdige Frau Ministerin empfangen und mit Nachsicht beurtheilt haben. Seitdem ist mir bei meiner Rükkunft von Soimonowsk und Kyschtym (in schreklichem Regenwetter) Ihr theurer Brief vom 6. August überkommen, für den ich Ew. Excellenz meinen innigsten Dank abstatte. Ich bewundere, wie von Geschäften überlastet, Sie, verehrungswürdiger Herr Minister, noch Zeit finden können, mich mit eigenhändigen und dabei stets so lebendig-gemüthlichen Zeilen zu erfreuen. Gestern habe ich hier meinen 60jährigen Geburtstag, auf der asiatischen Seite des Urals, erlebt, ein wichtiger Abschnitt des Lebens, ein Wendepunkt, auf dem es einen gereyet, so vieles nicht ausgeführt zu haben, ehe das hohe Alter die Kräfte dahin nimmt. Vor 30 Jahren war ich in den Wäldern des Orinoco und auf den Cordilleren. Ihnen verdanke ich es, daß dieses Jahr, durch die große Masse von Ideen, die ich auf einem weiten Raume habe sammeln können (wir haben seit Petersburg schon über 9000 Werst vollendet), mir das wichtigste meines unruhigen Lebens geworden ist. Und was werde ich nicht erst von mineralogischen und geognostischen Merkwürdigkeiten auffinden können, wenn ich in Ruhe in Berlin mit Prof. Rose von den Sammlungen des Urals und Altai werde umgeben seyn?

Mein Geburtstag ist von den hiesigen und den Slatouster Herrn Bergbeamten freundlichst gefeiert worden. Den Dank für das Geschenk eines schönen Säbels mit damascirter Klinge muß ich wohl an Ew. Excellenz richten! Ob wir gleich nun schon von Miask bis Bogoslowsk wohl über 90 Goldalluvionen untersucht haben, so sind die von Miask (in denen die Entwässerung des Sumpfes der Miästa, des Taschko Targan sehr zu rühmen ist) uns doch noch sehr belehrend gewesen. In den Wäschen von Soimonowsk und Kaslinski, welche seit 1822 schon 243 Pud Gold (genau so viel als in gleicher Zeit Miask) gegeben haben, sind allerdings Gerölle von Serpentinstein mit Goldblättchen gefunden worden und an dem geognostischen Zusammenhange von Gold und Platina mit Serpentinstein, Talkschiefer und Grünstein (und alle 3 machen am Ural nur eine Formation mit ewig wechselnden Lagen aus!) kann wohl nicht gezweifelt werden. Ew. Excellenz wird es gewiß angenehm sein zu erfahren, daß unsere Reise nun auch die Gewißheit von der Existenz des Zinnes im Ural gegeben hat. Das Fossil, welches in großen Kristallen vorige Woche im Ilmen-Gebirge hier bei Miask entdekt ward und für Rutil gehalten wurde, ist (nach der chemischen Untersuchung des Prof. Rose) Zinnstein. Er hat vor dem Löthrohre Zinn daraus abgeschieden. Vielleicht findet man den Zinnstein bald in größerer Menge; es ist immer nüzlich, darauf aufmerksam gemacht zu sein. — Wahre Rutile und Rubine (die man für Hyacinthe hielt) sind uns aus Katharinenburg von dem guten Hrn. Ossipow geschikt worden. . . . Der hiesige Spinell ist nach Rose . . . . chlor; von den weißen Zirkonen, die wir . . . ., habe ich Ew. Excellenz früher geschrieben. Der Ural ist ein wahres Dorado und ich bestehe fast darauf (alle analogen Verhältnisse mit Brasilien lassen es mich seit zwei Jahren behaupten), daß noch unter Ihrem Ministerium Demanten in den Gold= und Platina=Wäschen des Ural werden entdeckt werden. Ich gab der Kaiserin diese Gewißheit beim Weggehen, und wenn meine Freunde und ich die Entdeckung auch nicht selbst machen, so wird unsere Reise doch dahin wirken, andere lebendig anzuregen. — Ueber die Kolywanschen Bergwerke alles mündlich; Hr. von Frolow ist ein gebildeter Mann und von Talent. — Daß der unterirdische Bau auch dort verkrüppelt ist, kann man nur den Voreltern zur Last legen. Syrianowski, welches allein 400 Pud Silber giebt (der Schlangenberg ist bis 72 Pud gesunken) hat einen sehr gut vorgerichteten Grubenbau. Die Barnaulsche Hütte ist auch in Construction zu loben, aber das Radical=Uebel liegt im Silberverlust von 27 Procent. Von 1826 bis 1828, in 3 Jahren, enthielten die geförderten Erze 3743 Pud und man brachte nur 2726 Pud Silber aus. — Bei einigen Gruben ist der Verlust 50 Proc. Die feine Einsprengung, allzufeine Vertheilung des Metalls in der hornsteinigen Gangmasse ist allerdings auffallend: aber ich zweifle, daß der Verlust eine unheilbare Krankheit sei. Hier unter Ihrer Leitung, in Miask und Slatoust (Goldwäschen und Gewehrfabrik), herrscht Ordnung und Liebe zur Sache. Hr. von Agthe, Hr. Porosow und der Stahlraffinirende Hr. Anosow haben mir viel Achtung eingeflößt. Auch wiederhole ich, daß die Jugend des Bergcorps Ihnen Freude machen muß. Ich nenne gerne die, welche durch Kenntniß und Thätigkeit in Beurtheilung des

Gebirges sich auszeichnen, hier Hr. Lissenko aus Klein=
Rußland.

Meine innigste Verehrung Ihnen und der Frau Mini=
sterin. Wir reisen übermorgen nach Orenburg.

Ew. Excellenz

ganz gehorsamster

Al. Humboldt.

Hr. Hofmann und Hr. v. Helmersen, die uns nach
Kyschtym begleitet, sind sehr angenehme, unterrichtete junge
Leute, die uns viel Aufklärung über die geognostischen
Verhältnisse des südlichen Ural gegeben haben. Unsere
Kolywansche geognostische Sammlung wird langsam im
Frühjahr mit der Caravane abgehen. Die Sammlung von
Katharinenburg kömmt unter Adresse des Bergcollegiums
nun wahrscheinlich bald an. Sie enthält eine Kiste der ver=
sprochenen etikettirten Gebirgsarten für Ihr öffentliches
Cabinett. Von hier aus senden wir heute die lezte Samm=
lung von 8 Kisten, unter Ew. Excellenz Adresse, zur Weiter=
besorgung nach Perm ab. Ich bin gewiß, daß das Porto
dieser Sammlungen von Katharinenburg und Miask über
1000 Rubel kosten wird, und beschwöre Ew. Excellenz,
mich, da alles für das Königliche Museum in Berlin be=
stimmt ist (Prof. Rose und ich haben nie eigene Samm=
lungen gehabt), jene 1000 Rbl. auch bei meiner Rükkehr
in Petersburg ersezen zu lassen. —

29.

Orenburg, 14/26. September 1829.

Ew. Excellenz

wage ich es schon auf's neue mit meinen Briefen zu belästigen. Wir haben nun mit den zwei bescheidenen und interessanten jungen Reisenden, Hofmann und Helmersen, den südlichen Theil des Urals bis zum Durchbruch des Ural=Flusses bei Orsk, wo herrliche Jaspisbrüche im Grünstein, und bis zu den Guberlinskischen Hügeln gesehen. Des Obersten Gens trefliche Untersuchungen und Karten haben mir eine sehr deutliche Ansicht der lezten Verzweigungen des großen Gürtels bis zum Plateau zwischen dem Aral=See und dem Kaspischen Meere durch die Djambouk Karagay, Kara Aygur (Schwarze Hengst=Berge) und die Mugobjaren gegeben. Unsere Russischen Karten enthalten noch nichts davon, und was sie, z. B. die große Karte des Generalstabes von Inner=Asien, von Ketten zwischen dem Ural und Altai angeben, quer durch die Steppe, hat sich als Phantasie Bergluftiger Topographen ergeben. Jene Kette des Djambouk Karagay, die sehr niedrig ist, muß als Fortsezung der östlichen Cordillere des

Ural's, der Ilmen-Kette von Miask, in der Prof. Rose das Zinnerz entdekt hat, betrachtet werden. Goldsand scheint darin wenigstens unterbrochen und nur reich bis 1½ Sol. (nicht mehr!) bis Werchne Uralsk (beim Tataren Dorfe Mansurowa) und bis Yuluzkaya vorzukommen; vielleicht wenn einst Khiwa eingenommen wird (wodurch mildere Sitten unter den hiesigen Nomaden entstehen werden!) findet man dann die Goldalluvionen wieder südlich anfangen, da die Khiwaner Gold waschen. — Ew. Excellenz haben Selbst solche Fortsezung gegen Persien hin sehr richtig geahndet. Unterbrechungen der Alluvion-Zone findet sich selbst in dem Russischen Ural, wo die Wäschen gruppenweise vertheilt sind und wo mir alles eine lange Dauer der Goldausbeute zu verheißen scheint! Wir haben hier und in Jlezkaya Saschtschita zwischen den Karten und Manuscripten des Obersten Gens; in dem angenehmen gastfreien Hause des Zoll-Direktors Suschkow; unter den Sammlungen eines jungen Kosaken, Jwan, Jwanow Syn, Karin, eines armen aber talentvollen jungen Menschen, der sich Bücher von Cuvier, ... und Latreille angeschafft und Pflanzen und Insecten der Steppe selbst sehr richtig bestimmt; in Ihrem schönen Tauschhofe; an einem Kirgisen-Feste mit Wettrennen und Ringen (leider! auch Vokal-Musik tatarischer Sultaninnen) die Zeit auf das unterhaltendste zugebracht. Jlezkaya (und ich versichere es Ew. Excellenz mit Freuden!) ist in der schönsten Ordnung. Ich habe viele Tagebaue auf Steinsalz gesehen, aber nie die Vorrichtung des Abbaues so regelmäßig als hier. Der Staats-Rath Strukow verdient alles Lob deshalb: auch die Einrichtungen mit dem Verschikken haben mir sehr gefallen; es ist nicht bloß ein merkwürdiges, sondern auch ein recht practisch=kunstmäßig abgebautes Salzflöz. — Für den unterirdischen Bergbau würde ich auch sprechen, wenn ja mehr Salz gefördert werden sollte. Die Vortheile und Nachtheile dieser Mehr=Produktion beurtheilen aber Ew. Excellenz allein, als Staatsmann am richtigsten, da es von andern verwikkelten Combinationen der Permischen Contracte, des Petersburger Handels, des langen Transports (Jlezkisches Salz würde im nördlichen Rußland wohl 1 Rub. 40 Cop. das Pud kosten) abhängt. Gelegentlich empfehle ich Ihnen, verehrungswerther Freund, Hr. Helms (aus Katharinenburg) Vorschläge zur Benutzung der Salzseen auf Natrum; es ist ein sehr unterrichteter Chemiker. Ich bin seit gestern Abend trunken vor Freude über die Einnahme von Adrianopel. Das ist eine große historische Begebenheit, welche die Regierung Ihres treflichen Monarchen auf alle Zeiten verherrlicht und einen ruhmvollen Frieden bald herbeiführen muß. Werden Sie mit mir hadern, daß ich so vollen Gebrauch von Ihrer Erlaubniß mache, und über Astrachan (voll Asiat. Völker und mit einigen interessanten Fabriken und Fischen für Dr. Ehrenberg) zurükkehre. Wir reisen diesen Morgen ab, über Uralsk, Busuluk, Saratow, die deutschen Colonien. Ich kann mich nicht an Ihrem Reiche sättigen, nicht sterben, ohne das Kaspische Meer gesehen zu haben! Das Wetter ist herrlich und von Astrachan auf Petersburg haben wir nicht mehr Weg als von hier. Ich bleibe nur 6—8 Tage in Astrachan und kehre dann geraden Weg's über Murom, Moskau, ... zurük, ich denke gegen den 20.—24. Okt. a. Sts., um dann noch 2—3 Wochen mit Ihnen zu verleben, und Ew. Excellenz täglich die Gefühle meiner dankbarsten Verehrung auszudrükken. Meinen Respekt der liebenswürdigen Frau Ministerin v. Cancrin; und dem edlen General v. Schöler, dem ich heute nicht mehr schreiben kann.

Al. Humboldt.

Von neuem Verzeihung für die unministerielle äußere Form meiner Briefe. Ihr Geist ist über solche Dinge erhaben. —

30.

(Auszug aus einem Briefe
Humboldt's an den General
Baron von Schöler.)

Astrachan, 1/13. October 1829.

Wir haben hier nun unsere 12,000 W. seit Petersburg vollendet und die damit verknüpften 48,000 Stöße (ich rechne bescheiden nur 4 gewaltsame Brükken-Anfuhren auf 1 Werst) haben meinem Unterleibe sehr wohl gethan. Ich bilde mir ein, etwas weniger vom Magen zu leiden, ohnerachtet die langen Sibirischen Saucen und die Fruchtinfusionen (Wein genannt) wohl als Gifte angesprochen werden können. Fast in keinem Theile meines unruhigen Lebens habe ich in kurzer Zeit (6 Monathen), aber freilich auf einem ungeheuer ausgedehnten Raume, eine so große Masse von Beobachtungen und Ideen sammeln können. Auch habe ich die Gelegenheit (Kaiserliche Munificenz, fortdauernd herrliches Wetter) dergestalt benuzt, daß ich meinen Weg auf den Altai und das Kaspische Meer ausgedehnt habe. Die angenehmsten Rükerinnerungen ließen uns: der Raum südöstlich von Tobolsk zwischen Tomsk, Kolywan und Ust-Kamenogorsk; die herrliche Schweizer-Gegend bei den Syrianowskischen Schneebergen des Altai; der Besuch auf den chinesischen Vorposten Chonimailä-chu

in der chinesischen Songarey; die Reise längst der Kosakken=
Linie, von Narym, Semipalatinsk, Omsk, Petropawlowsk,
Troizk, Orenburg und Uralsk; der Seenreiche südliche
Theil des Uralgebirges um Slatoust und Miask. — Wir
haben in einer ununterbrochenen Strekke von mehr als
700 deutschen Meilen alle Kosakken=Kolonien des Irtysch,
Tobol, die Baschkiren, des Jaik, von Orenburg und Astra=
chan (in den Kameelreichen Steppen zwischen Don und
Wolga) gesehen, und uns über Ihre Sittlichkeit und Ord=
nung erfreut. — Für einen Militair müßte diese Reise
von 2 Monaten, längst der Linie sehr lehrreich gewesen
seyn. Noch muß ich als leuchtende Punkte, als angenehme
Erinnerungen nennen, ein Pferderennen und musikalisches!
Kirgisen=Fest in der Steppe bei Orenburg; die Reise mit
dem Fürst Galizin (Gouv. von Saratow) durch die herr=
lich gedeihenden deutschen Colonien an der Wolga; unsere
Excursion nach dem Salzsee Elton von Zarizyn aus; der
Aufenthalt in der kleinen Herrnhuter=Gemeinde Sarepta.
Wir leben hier unter herrlichen Früchten und asiatischen
Eindrükken, und heute (Du kennst die hiesige höfliche Sitte
des Bewillkommens) hatte ich in meinem Salon zugleich
alle Officiere der Garnison von Astrachan und Deputationen
der Armenischen, Bucharischen, Usbekischen, Persischen, In=
dischen, Tatarisch=Turkomanischen und Kalmükkischen Kauf=
leute, in Reihe und Glied gestellt und durch Manigfaltig=
keit der Tracht unterschieden. Wir gehen morgen früh mit
dem Dampfschiff der Krone an die Mündung der Wolga
und werden uns mit Höhenbestimmung des Kaspischen
Meeres und Einsammeln von Seeprodukten 8 Tage bis
9. October a. Styls beschäftigen, gehen dann über Woronesh,
Tula nach Moskau, so daß wir wohl zwischen 28. oder
30. October (alten Styles) in Petersburg seyn könnten.

Ich nehme mit großer Freude und innigem Danke Dein freundschaftliches Anerbieten, uns auch bei der Rükkehr zu beherbergen, an. Es ist ein Genuß und eine große Erleichterung des Lebens für mich, so in Deiner Nähe bleiben zu dürfen; nur eine Bitte: könnte ich nicht, mit meinen beiden Begleitern, in dem kleinen Nebenhause wohnen? — Es ist dort Raum genug, und ich würde Dir, theuerster General, so minder lästig fallen.

Al. Humboldt.

Meine stets liebenswürdigen und arbeitsamen Freunde, versichern Dich ihrer dankbarsten Verehrung. Herzliche Grüße dem H. Grafen Galen! Der Friede vor den Thoren von Konstantinopel hat mich sehr erfreut. General Müffling ist vielleicht schon vor mir in Berlin zurük, denn da ich bei Dir (ich spreche es frei heraus) wohl bis 17—18. Nov. alten Styls ausruhen und mich pflegen werde (ich bin den Friedenstag 2/14. September in Asien 60 Jahr! alt geworden), so kann ich unter Eis- und Schneegestöber, 15,000 Werst vollendend, nicht vor 2/14. December in Berlin seyn. Da ich erst mit nächster Post an General Cancrin schreiben kann, so bitte ich Dich gehorsamst, ihm unsere glükliche Ankunft bei warmer Herbstluft (17—18° R.) mit dem Ausdruk freundschaftlichster Erkenntlichkeit zu melden. —

Ohnerachtet ich meine Reise so ansehnlich nach dem Kolywanschen Gebirge (Altai) und nach dem Kaspischen Meere erweitert habe und eine Unzahl von Menschen, die aus Höflichkeit uns von einem Gouvernement zum andern begleiteten, habe ernähren müssen, so hoffe ich doch von den 20,000 Rubeln, die mir gegeben wurden, fast die Hälfte zurükzuzahlen. —

31.

Astrachan, 9/21. October 1829.

Ew. Excellenz

empfangen heute von mir nur meinen herzlichsten Glük=
wunsch zum Frieden, einem gewiß glorreichen, weil er vor
den Thoren von Constantinopel geschlossen ist. Bei dem
Interesse dieser großen Begebenheit muß jedes andere er=
bleichen. Wie Sie und Ihr trefliches Finanz=System zu
diesem glüklichen Ereigniß beigetragen, muß dankbarst
Rußland erkennen: im übrigen Europa weiß man es all=
gemein. Ich freue mich Ihrer Freude! — Von mir selbst
und meinen Freunden sage ich heute Ew. Excellenz nur,
daß wir hier in Astrachan, und 4 Tage und Nächte auf
dem Caspischen Meere, und in der Wolga=Mündung und
kleinen Inseln des Caspischen Meeres, und in den herr=
lichen Weinbergen, und in den Färbereien der Tataren,
und in den kleinen Tempeln von Brahma und Bubda
und auf einem Ball der Armenier die glüklichste und ge=
nußreichste Zeit, bei anhaltend schönem Wetter zugebracht.
Wir reisen diesen Morgen über Sarepta, Tula und
Moskau heimwärts.

Was ich Ihnen bei dieser russischen Unternehmung schuldig bin, werde ich nicht ausdrükken können. Ich möchte die liebenswürdige Frau Ministerin bitten, mir Ihre Hülfe zu schenken. Mit der dankbarsten Verehrung

Ew. Excellenz

gehorsamster

Al. Humboldt.

32.

Sarepta, 12/24. October 1829.

Ew. Excellenz

werden lächelnd aus dem Inhalte dieses Schreibens ersehen, daß wir, meine beiden Reisegefährten und ich, wie aus einer andern Welt kommen. Erst hier bei der zweiten Durchreise durch Sarepta erfahren wir, durch die deutsche Petersburger Zeitung, wie des Kaisers Majestät, bei dem Schlusse eines glorreichen Friedens, Ihrem Namen auch einen äußern Glanz hat beilegen wollen. Dieser äußere Glanz, auf die spätesten Nachkommen vererbt, wird an die denkwürdige Epoche erinnern, in der, unter Ihrer Leitung, die Russischen Finanzen mitten unter einem Welterschütternden Kriege geblüht haben. Der Zeitpunkt, welchen der Monarch gewählt hat, Ew. Excellenz Familie in den Grafenstand zu erheben, ist die beredteste Anerkennung des Verdienstes in talentvoller Ueberwindung jener Hindernisse. — Empfangen Sie, verehrungswürdiger Staatsmann, aus diesem friedlichen einsamen Orte, meine herzlichsten Glückwünsche und die meiner beiden Freunde, Ehrenberg und Rose, für Sie und die liebenswürdige Gräfin von Cancrin.

Wir haben gestern mit dem sehr gebildeten, russisch, persisch und arabisch sprechenden, jungen Chan der innern

Kirgisen-Horde, Djehangir Bukejew, einen interessanten Tag in der Kalmükken-Steppe am linken Wolga-Ufer, bei dem Kalmükken-Prinzen Sereb Djab Tumenew, der in Paris war, zugebracht. Sein lamaitischer Tempel mit 28 reichgekleideten Gellong's und Lamas, ist eine wahre Opern-Repräsentation, und bringt von neuem die indiskrete Frage auf, ob Nestorianische Christen jene Ceremonien den Tibetanern gegeben, oder von Ihnen empfangen haben? — Wir reisen diese Nacht bei unangenehmer eintretender Kälte über Woronesh und Tula nach Moskau, wo wir den 20.—22. October (a. St.) anzukommen wünschen. Mit unwandelbarer Anhänglichkeit und Verehrung

Ew. Excellenz

ganz gehorsamster

Al. Humboldt.

Mein Landsmann Dr. Erman spricht vom 40. Korne in Jakutsk. Das ist wohl eine Mythe!! — Darf ich so unartig sein, Ew. Excellenz wieder mit einer Einlage für unsern gemeinschaftlichen Freund, General Schöler, zu belästigen?

33.

Moskau, 24. Oct./5. Nov. 1829.

Ew. Excellenz

werden aus Sarepta einige flüchtige Zeilen der Dankbarkeit und meine herzlichen Glükwünsche empfangen haben. Unsere Reise ist nun vollendet; denn nach 14,000 W., die wir zurükgelegt, scheint mir Moskau näher an Berlin als Charlottenburg. Ich habe hier einen überaus liebevollen, interessanten Brief von Ew. Excellenz (6/18. October) vorgefunden.*) Unsere Rükreise ist glüklicher und leichter gewesen, als zu vermuthen war. Schnee ist erst vor Woronesh gefallen, die Luft ist sehr milde, so daß ich fortfahre meine magnetischen Beobachtungen, ohne Pelz und ohne Huth, im Zelte zu machen; die Equipagen, welche wir Ihrer Fürsorge und Güte verdanken, haben sich vortreflich gehalten, und man kann die Solidität der Arbeit meines Landmannes (Hrn. Jochim) und die Güte des Russischen Eisens nicht genug bewundern. Ich denke, Ihr Sorgen soll uns nun bis Petersburg noch eben so

---

*) Fehlt.

glüklich führen. Tula ist uns wegen der schönen Einrichtung der Maschinen und der freundlichen Aufnahme des General v. Staden sehr wichtig geworden. Ich denke daß wir von Moskau 28. Oct./9. Nov., werden abreisen können, und daß wir troz des Schnee's, bis Petersburg nicht über 3½ bis 4 Tage brauchen. Meine Gesundheit ist (was mein Magenübel betrifft) durch die Reise und den Aufenthalt in freier Luft sehr gestärkt. Meine 2 Freunde empfehlen sich dem gnädigen Andenken Ew. Excellenz. Für unseren Begleiter, Hrn. Oberhüttenverwalter Menschenin, dessen Gesundheit nicht die stärkste ist und für den die schnelle Reise anstrengender, als für uns war, ist es mir eine angenehme Pflicht, Ihre Güte als Chef des Bergbaues, in Anspruch zu nehmen. Graf Polier's wichtige Entdekkung der Diamanten läßt mir keinen moralischen Zweifel. Warum würden die russischen Aufseher bloß den D. gezeigt und sich nicht selbst das Verdienst des Erkennens zugeschrieben haben? Der junge Schmidt (der Sachse) ist jedes Betruges unfähig, war nie am Katschkanar gewesen, spricht keine Sylbe russisch, verließ uns erst seit 3 Tagen, und konnte daher mit dem russischen Aufseher nichts besprechen. Drei Diamanten sind hinter einander gefunden; einen habe ich selbst in Verwahrung. Ich freue mich, daß eine solche Entdekkung unter Ihrem Ministerium, und zur Zeit meiner Reise gemacht worden ist, und hoffe, daß man bald mehr finden wird. Möge nur meine Reise nicht Veranlassung zu Grafen Polier's Krankheit gewesen sein! Es ist ein braver liebenswürdiger Mann, der Ihnen sehr ergeben ist! Was Ew. Excellenz über die geognostischen Phänomene der Steppen, und über den Contrast des absterbenden, starren Islamismus und der anreizenden Natur des

Christenthum's sagen, ist so wahr, als glüklich und geist=
reich ausgedrükt. Meine innigste Verehrung der liebens=
würdigen Gräfin von Cancrin.

Ihr

dankbarster

Al. Humboldt.

34.

St. Petersburg, 1/13. November 1829.

Hochgeborener Herr Graf,
Hochzuverehrender Herr Finanz-Minister!

Wenn der Huld eines großen Monarchen ich es verdanke, einen weitausgedehnten Theil der Erdoberfläche wissenschaftlich haben untersuchen zu können, wenn diese Reise, die ich mit dem heutigen Tage vollende, mir die herrlichsten Natur-Genüsse gewährt hat, so war die Darlegung meines ehrerbietigsten Dankgefühls meine erste und heiligste Pflicht. Wie durfte ich mehr erwarten, als wir seit sieben Monathen empfangen?

Wie sind alle „Beschwerlichkeiten" verschwunden, wo durch die väterlichste Sorgfalt der Regierung „im Ural und Altai" gleichsam alle Wege gebahnt waren? Der neue Beweis der allerhöchsten Gnade Sr. Majestät des Kaisers, welchen ich so eben aus den Händen Ew. Erlaucht empfange, mußte mich daher erröthen machen. Mit ehrfurchtsvoller Dankbarkeit empfange ich dieses öffentliche, mir ewig theuere Merkmal Kaiserlicher Huld, weil es die Wissenschaft ehret, der von früher Jugend an, durch ein stets bewegtes Leben, alle meine geringen Kräfte gewidmet

gewesen sind. Das Geschenk des großen Gebers wird ver=
schönert durch die sinnigen Worte Ew. Excellenz, die es
begleiten. Was Ihnen von dem allen zugehört, weiß ich
und wissen meine gelehrten Freunde, Ehrenberg und Rose.
Wären wir unbescheiden bethört, so würden wir hinzusezen,
daß es durch uns die Nachwelt erfahren soll.

Mit der vollkommensten Hochachtung und Verehrung

Ew. Erlaucht

ganz gehorsamster Diener

Alexander Humboldt.

35.

St. Petersbourg, le 5 Novembre 1829.

Monsieur le Comte!

Votre Excellence a daigné me faire remettre, lors de mon depart pour l'Oural, la somme de vingt mille roubles ass. pour subvenir aux fraix d'un voyage entrepris par ordre et sous les auspices du Monarque. Je me flattois longtemps de l'espoir de pouvoir restituer la moitié de cette somme accordée avec une si noble munificence. Le plan plus étendu de ce voyage aux Montagnes de l'Oural et de Koliwan, aux confins de la Songarie Chinoise et aux bords de la Mer Caspienne, l'augmentation des dépenses journalières causées par le plus grand nombre de personnes qui nous ont suivies pour faciliter les moyens de transport; peut être aussi mon peu d'habileté à modérer les petites dépenses ont rendu vain l'espoir que je nourrissois. Il ne m'est resté que la somme (7050 R. ass.) de sept mille cinquante roubles ass. que je prends la liberté de joindre à cette lettre.

Votre Excellence daignera m'ordonner, je pense, d'envoyer les deux équipages d'excellente construction, à l'atelier Joacqim. Un prichka de courrier et de cuisine que j'avais acheté en partant (avec l'argent qui m'a été confié) pour 750 roubles se trouve chez Mr. le Oberhüttenverwalter Menchenin.

J'ai l'honneur d'être avec la plus respectueuse considération,

Monsieur le Comte

De votre Excellence

le très humble et très obéissant serviteur

Alex^{dre} de Humboldt.

36.

(Copie.)

St. Petersbourg, le 7/19 Novembre 1829.

Monsieur!

Comme Votre Excellence a trouvé moyen d'économiser une somme de sept mille cinquante Roubles Ass. sur la somme modique de 20,000 Roubles Ass, qui avaient été destinés comme un à compte pour les frais de Votre voyage, il ne me reste que de Vous en accuser la réception. Pour que ce résidu ne cesse d'avoir une destination scientifique je l'emploierai pour le voyage de M^{rs}. Helmersen et Hoffmann, dont Votre Excellence a bien voulu me parler.

J'ai l'honneur d'être avec la Considération la plus distinguée

de V. E.

le très humble et très obéissant serviteur

C.

A. S. E.
M^r. de Humboldt.

37.

St. Petersburg, 5. November 1829.

Ew. Erlaucht

haben befohlen, Ihnen meine Ansichten über Umprägung der Kupfermünze freimüthigst mitzutheilen. Sie haben die Schwierigkeiten Selbst berührt; ich werde sie einzeln erwägen.

Allgemeine Grundsäze über das richtige Verhältniß zwischen Gold, Silber und Kupfer im Münzfuße müssen nach dem inneren Mineral=Reichthum und den herrschenden Volksvorurtheilen, welche die Gesezgebung nicht immer besiegen kann, modificirt werden.

Bei einer Goldproduction von 300 Pud und einer Silberproduction von nur 1200 Pud, bin ich ganz mit Ew. Excellenz darin einverstanden, daß eine nicht unbeträchtliche Ausprägung von Kupfermünze und eine freie Ausfuhr derjenigen, welche mit den Marktpreisen des Kupfers in richtigem Verhältniß steht, für Rußland ersprießlich sein muß.

Der Münzfuß für die Kupfermünze wird, glaube ich, nicht bloß durch die Wahrscheinlichkeit erhöhter oder erniedrigter Kupferpreise, sondern zugleich auch durch den Werth des im Reiche cursirenden Papiergeldes bedingt. Der Preis des Kupfers, auf dem Europäischen Waaren=

markte, wird eher sinken als steigen, weil Chili und Nord=Mexico nach hergestellter politischer Ruhe die Kupfer=Production sehr vermehren werden; weil diese Production in England (wegen der fortschreitenden glüklichen Gewältigung alter ersoffener Gruben durch die Taylorsche Gesellschaft) nicht vermindert wird und in Mansfeld auf den Kupferschieferflözen zunimmt. Auf der anderen Seite läßt alles hoffen, daß im Russischen Reiche der Werth des Papiergeldes sich vermehren wird. Bei diesen gegenwirkenden Conjuncturen würde ich rathen, den Fuß von 36 Rubeln nicht zu überschreiten.

Fünf Kopeken=Stüke schließen sich am besten an das schöne Decimal= ob. Centesimal=System der Russischen Münze an. In einigen Provinzen wird das gemeine Volk allerdings eine Zumischung von Silber wünschen: aber wegen Verzettelung des edeln Metalls, und seines Verlustes durch langen Gebrauch ist dieser Vorliebe wohl nicht nachzugeben. Ich hege große Besorgniß über die Coexistenz zweier Kupfermünzen zu 24 und 36 Rubel=Fuß. Es wird bald ein agio entstehn; die Kaiserlichen Kassen werden wenig von der älteren Kupfermünze empfangen. Man wird den Kassen immer die neue Münze zurükgeben und die ältere wird theils im Curs bleiben, theils (da die Coexistenz auf den Gewinn aufmerksamer macht) eingeschmolzen oder ausgeführt werden. Alle früheren Speculationen auf Kupfermünze erneuern sich dann.

Sollten bei diesen Besorgnissen nicht eine völlige Verrufung mit zu verlängerndem Termine und ein endliches Erscheinen der neuen Kupfermünze zu 36 Rubel, erst nach Einlieferung von 4/5 der alten, rathsam sein? Ich fühle allerdings, daß in der Zwischenzeit durch Mangel von Kupfermünze in einigen Provinzen des Reiches Hindernisse des kleinen Verkehrs entstehn werden. Aber wo sind Finanzoperationen von allen Nachtheilen befreit und der Nachtheil, welcher aus der Gleichzeitigkeit zweier Münzen zu 24 und 36 Rubel entsteht, scheint ein so besorgter, daß ich zur Vermeidung desselben ganz gehorsamst rathen würde.

Ew. Erlaucht haben schon einmal bei der vortheilhaften Einschmelzung der Münze zu 16 R. die völlige Verrufung versucht. Durch Sie mündlich über diese Umstände historisch belehrt, kann ich meine hier nur schüchtern vorgetragene Meinung durch Analogie älterer Erfahrung modificiren.

Al. Humboldt.

(Randbemerkung von Cancrin's Hand.)

Nach mündlicher Besprechung hat Hr. v. Humboldt bemerkt, daß wenn früher die alten Petaken mit den Groschen gleichzeitig zirkulirt hätten ohne Schaden, so müßte auch das nehmliche für die neuen gelten.

38.

Sonnabend.

Erst den Morgen bei der Kaiserin mit meinen beiden Freunden fast 1½ Stunden, und den Abend bei dem Kaiser von 8½ bis 11 Uhr gehalten und mit Bezeigungen des Wohlwollens überhäuft, bin ich leider! gestern den ganzen Tag gehindert worden, Ew. Excellenz, für Ihre neuen herrlichen Geschenke von Osmium Iridium ganz gehorsamst zu danken. Ich werde endlich heute glüklicher sein und muß es um so mehr wünschen, da ich in der Nacht vom Montag zum Dienstag reisen muß. Der Kaiser ist sehr erfreut über die zunehmende Nachfrage Ihrer Platina = Münze!

Mit dankbarster Verehrung und Freundschaft

Ew. Excellenz

ganz gehorsamster

Al. Humboldt.

39.

Königsberg, 24. December 1829.

Ew. Erlaucht

verzeihen, wenn ich von Kälte etwas erstarrt (bis Polangen italienische, milde Luft von 5°—6° Kälte, aber am Strande 18° R.) Ihnen die Nachricht unserer glüklichen Ankunft im Vaterlande gebe und Ihnen, in meinem Namen, und dem meiner theuren Begleiter, den Ausdruk meiner innigen Dankgefühle erneuere. Wir haben einen interessanten Tag mit Evers, Struve, Ledebuhr und Engelhardt in Dorpat zugebracht: es stand aber in der Wahrscheinlichkeitsrechnung leider! geschrieben, daß man nicht 18,000 Werst vollenden könne, ohne wenigstens einmal umzuwerfen. Die Wahrscheinlichkeitsrechnung hat aber als Nemesis ihr Recht behauptet. Wir warfen am Fuß einer kleinen Anhöhe, auf einer Mühlenbrükke, nahe bei Engelhardtshof, 2 Stationen vor Riga durch Schleudern des Wagens, auf schneelosem, glatten Eise, im Wenden, auf eine so gewaltsame Weise um, daß die ganze eine Seite des Wagens zerbrach. Ein Pferd stürzte 8 Fuß herab ins Wasser. Das Brükkengeländer gab (wie natürlich) nach, und wir lagen auf eine recht pittoreske Art 4 Zoll vom Rande der Brükke. Niemand von uns (ich saß mit Ehrenberg in einem, mit Glas

verschlossenen Wagen!) war beschädigt, ja wir fühlten selbst
nicht den geringsten Schmerz, Dank sei es der Vorsehung.
Da 2 Gelehrte und ein gelernter Jäger umfielen, so
hat es über die Ursache mehrere widersprechende Theorien
gegeben. So viel ist es gewiß, daß der Wagen schleuderte
und daß der Postillon ganz schuldlos war. Die Reparatur
des Wagens hat uns an 24 Stunden aufgehalten. Wir
blieben hier 1½ Tage und hofften (bei leider! 20° Kälte)
Montag Abend in Berlin zu sein. Empfangen Ew. Er=
laucht und die liebenswürdige Frau Gräfin den Ausbruk
meiner dankbarsten Verehrung und schenken Sie mir bis=
weilen das Glük, eigenhändige Nachricht Ihres fort=
dauernden Wohlseins zu empfangen.

       Ew. Erlaucht

         ganz gehorsamster

         Al. Humboldt.

40.

Berlin, 1. Januar 1830.

Ew. Erlaucht

eile ich durch meinen Freund, den vortreflichen Oberst von Stockhausen (Führer S. K. H. des Prinzen Albrecht von Preußen) von meiner glüklichen Rükkunft in Berlin, Montag Abends den 28. December, bei grimmiger Kälte zu benachrichtigen. Die schöne blumenreiche Dekke, das Kunstwerk der liebenswürdigen Gräfin, liegt, nebst dem Küssen vor mir ausgebreitet; alles was mich an diese Reise erinnert, erneuert mein Dankgefühl für Sie, verehrungs=
werther Minister und Ihr Haus. Ich will Sie nicht durch den oft wiederholten Ausdruk dieser Gefühle, welche meine beiden Gefährten so innigst theilen, ermüden. Ich reise diesen Augenblik mit dem König nach Potsdam und habe nur Zeit, Ihnen und der Frau Gräfin meine herzlichsten Glükwünsche darzubieten. Erlauben Ew. Erlaucht, daß ich Ihnen den Ueberbringer, einen edlen deutschen Mann, dringend empfehle. Mit der dankbarsten Verehrung

Ew. Erlaucht

ganz gehorsamster
Alex. Humboldt.

Mit Freuden habe ich die jungen Bergeleven, die von Freiberg aus uns besucht haben, empfangen. Sie machen Ihrer Schule überall große Ehre.

41.

(Abschrift.)

Berlin, 3. April 1830.

Ein unangenehmes Zeichen des Wohlbefindens, wie es die noch immer herrschende Stahl=Pathologie nennt, ein Blutgeschwür, dem ganz ähnlich, das mich von Mur= sinsk bis Kainsk auf der Reise quälte, hat mich fast drei Wochen lang zu Hause gehalten und ich bin kaum jezt genug davon befreit, um zu versuchen, ob es mir gelingen sollte, einige leserliche Zeilen des freundschaftlichsten Dank= gefühls an Ew. Erlaucht und die liebenswürdige Frau Gräfin zu senden. Ich genieße jezt im Auslande, beson= ders in England, auch von meiner Seite die Früchte der Vorurtheile und der Gehässigkeiten, die das Wohlbefinden Ihres mächtigen und siegreichen Staats erregt. Ew. Er= laucht haben, wie ich vermuthe, Selbst einige freundliche Worte in Antwort auf den feindlichen Artikel des Cou= riers in die Petersb. Handels=Zeitung einrükken lassen, für die ich herzlichst danke! Es ist etwas recht inhumanes, einen Mann, der wenigstens nie Beweise von Eigennüzigkeit ge= geben hat, in dem Augenblik, wo er von einer weiten, wissenschaftlichen Reise zurükkehrt, so anzufallen! Ist es meine Schuld, daß meine, 15 Jahre früher gegebenen Nach=

richten von dem Reichthum der mexicanischen Bergwerke (deren Richtigkeit von den in Mexico lebenden Personen noch nie in Zweifel gezogen worden ist), John Bull verleitet haben, auf die thörichtste Weise Millionen unwissenden Menschen anzuvertrauen. Ich habe von Anfang an erklärt, daß ich mit diesem Unwesen in schwindelnder Ferne nichts zu thun haben wollte, habe die Stelle als General-Direktor und Konsultant in Europa, mit Frei-Actien (an denen ich damals 20,000 Pf. St. gewonnen hätte) ausgeschlagen; eine große goldene Tabatière als Dankgeschenk von denen, die sich damals bereichert hatten und den ersten Anstoß in meinen Schriften suchten, zurükgewiesen; kurz ich habe immer gezeigt, daß ich der Sache fremd bleiben wollte. Alle diese Umstände sind in England bekannt und ich habe deshalb keine Silbe geantwortet, sondern bloß übertriebene Zahlen berichtigt, die man in deutschen Zeitungen verbreitet, und die man leicht mir zuschreiben könnte, ob ich gleich, selbst in Zeitungen, nie etwas ohne Unterschrift meines Namens drukken lasse. Ich habe mich gleich nach meiner Rükkunft in Berlin mit dem ehemaligen General-Bergdirektor in Brasilien, Freiherrn von Eschwege, der jezt in Lissabon lebt, in Verbindung gesezt, um ihm einige technische Fragen über den Ertrag der Sande vorzulegen. Ich hoffe Ew. Erlaucht in meiner künftigen Ausarbeitung über den Ural eine interessante Vergleichung mit Brasilien liefern zu können. Alles scheint bis jezt zum Vortheil des Urals zu sein. In Brasilien geschieht nichts auf liegenden Heerden, alles mit dem Seihetrog, batea und wenn die verständige Hand des Menschen auch bei dem Ende der Operation gewiß sicherer und vorsichtiger und reiner arbeitet, als der Stoß des fluthenden Wassers, so ist die alleinige Arbeit mit dem Seihetrog doch lang=

samer und kostspieliger. „Unsere mineros, schreibt mir Hr. v. Eschwege den 27. Febr., sind zufrieden, wenn jeder arbeitende Sclave ihnen wöchentlich eine Ausbeute von 600 Reis giebt. Bei weniger kann der minero nicht bestehen. Um diese Ausbeute zu erhalten, muß jede batea (Seihetrog) voll Sand und Geröll, 35 bis 45 Pfund an Gewicht, also 1 Pud goldhaltigen Sandes und Gerölles, wenigstens den Werth von 5 Reis an Gold enthalten. ($37\frac{1}{2}$ Reis Gold = 1 Vintem; 32 Vintem = 1200 Reis = 1 Oitava; 128 Oitavas = 153,600 Reis = 1 Pfd. Gold = 96 Solotnik). Zu 5 Reis jede batea oder 1 Pud Sand, müssen 100 Pud des ganzen Goldsandes, der ohne Schwierigkeit in geringer Tiefe gewonnen werden kann, um bauwürdig zu sein 500 Reis = 0,33 Solotn. Gold enthalten. Sand, der weniger enthält, bleibt ein Gegenstand der Bearbeitung freier Neger. Sind große Schwierigkeiten zur Gewinnung, so muß der Gehalt auf 3 Solotn. in 100 Pud steigen." Da ich etwas mehr numerische Genauigkeit wünschte, so schrieb mir Hr. v. Eschwege unter dem 13. März von Lissabon (ich erhalte den Brief heute Morgen): „Nach der genauern Berechnung, die Sie wünschen, weil sie dem Herrn Grafen von Cancrin angenehm sein könnte, eile ich Ihnen zu melden, daß, wenn ich die Oitava Gold (Cöllnisches Gewicht) zu 1500 Reis annehme, folglich 1 Solotn. = 2000 Reis, ich für den geringsten Goldgehalt in Brasilien, wenn er bei leichter Gewinnung einigen Vortheil gewähren soll, $\frac{1}{4}$ bis $\frac{1}{2}$ Solotnik in 100 Pud Sand ist*); aber den Durchschnitts-Gehalt in Brasilien würde ich viel reicher, etwa wie Sie, für den Ural, auf $\frac{3}{4}$ oder $\frac{5}{4}$ Sol. schäzen. Dafür ist aber auch

---

*) Ist wohl „halte" gemeint.   D. H.

der Gewinn in Brasilien mit dem im Ural gar nicht zu vergleichen. In Brasilien gewinnt der Eigenthümer wohl 13½ Proc. etwa auf 54,000 Rubel Banco einen Ueberschuß von 7020 Rub. Auch gehen die meisten Brasilianischen mineros zu Grunde; kein einziger besizt mehr als 220 Sclaven, die meisten kaum 50. Nach dem mittlern Durchschnitt des Goldgehalts in Brasilien, kommt auf jeden Sclaven eine Ausbeute von 18 Solotnik, die jährliche Ausgabe ist 12 Solotnik. Können Sie es sagen, wie viel im Ural dem minero jeder Leibeigene kostet." Diese Frage des Hrn. von Eschwege ist viel zu unbestimmt.*) Ich sehe, daß Ew. Erlaucht in den geistreichen Artikeln der Handelszeitung die Gewinnungskosten des Goldes im Ural auf $1/12$ des Goldwerthes ansezzen. Rechnen Ew. Erlaucht nicht 2 Rubel Bco. per Solotnik bei einem Mittelgehalt von 1—⁵⁄₄ Solotnik, also 7,680 R. pr. Pud Gold. Nun kommen die Kosten (Abgaben) an die Krone dazu. Ich bin in meinen gesammelten Nachrichten darüber noch nicht ganz ins Reine. Glauben Sie nicht auch im Ganzen, daß im Durchschnitt im Ural dem Eigenthümer das Pud Gold, nach Abzug der Gewinnungskosten und der Abgaben an die Krone, an 38,000 Rubel Bco. einträgt. Die Eigenthümer (be)streiten es. Bei den Betrachtungen über die Möglichkeit der langen Dauer des Uralschen Bergbaus, wenn die Eigenthümer lernen werden, sich mit einem geringern Gewinn (wie bei einzelnen Zweigen des Akkerbaues) zu begnügen, sind diese Fragen sehr wichtig! Ew. Erlaucht sehen, daß

---

*) Ich glaube im ganzen z. B. südlichen Ural kostet ein freier Mensch täglich ½ Rubel Bco., der dem Sawod gehörige Mushik 25 bis 28 Cop., im Mittel 1 Arbeiter wohl 35 Cop.

wir sehr ernsthaft mit Ihren Bergangelegenheiten beschäftigt sind. Prof. Rose analysirt fleißig die Golde und wird Ihnen einen eignen Bericht darüber einreichen, aber die Arbeit ist lang. Er findet ganz reines Gold bei Schabrowski und Tellur in einem Silbererze vom Altai. Sind die Gruben des Kabinets jezt wirklich schon ganz unter Ihrer Leitung? Sie haben dort einen vortreflichen jungen Mann, den Bergmeister Kulibin, der viel leisten wird, wenn ihm Zeit bleibt, in der freien Natur arbeiten zu können.

Erlauben Ew. Erlaucht, daß ich Ihnen den Ueberbringer dieser Zeilen, den Medailleur Gube, der (ich glaube) auf Empfehlung des Ministers Gr. von Lottum, nach Petersburg geht, ganz gehorsamst in Ihren Schuz werfe. Es ist ein sehr, sehr talentvoller, fleißiger Mann, den mir die ausgezeichnetsten Künstler hier, Rauch, Tiek, Schinkel sehr loben, und welcher besonders das Technische seiner Kunst versteht. Ew. Erlaucht haben, glaube ich, auch durch Hrn. v. Alopacus, einen Mann zum Coakschmelzen des Eisens gefordert. Sie haben mir nie davon gesprochen, kann ich denn aber darin nicht nüzlich sein? Ich bin mit dem Oberberghauptmann Gerhard sehr vertraut und wir können eine sehr gute Auswahl treffen, wenn Ew. Erlaucht Sich gewogentlichst bestimmt äußern wollten, wo der Mann angestellt werden soll und, wenn die Anstellung temporär ist, was er, außer den Reisekosten jährlich zu erwarten hat? Von hier aus ist es unmöglich, bei völliger Unkenntniß der Localität und Lebenspreise, eine Forderung zu machen. Befehlen Sie über mich. Wäre es nicht gut, einen gebildeten Mann, einen unserer Bergbeamten zu nehmen und ihm einen gemeinen Schmelzer beizugesellen? Der O.=B.=H. Gerhard wüßte einen Bergbeamten vorzuschlagen, der Polnisch spricht und sich also leicht auch Russisch verständ=

lich machen würde. Aber der Mann will nur gehen, wenn er weiß, in welchem Gouvernement er leben soll? Sie werden das Geschäft leichter durch mich als durch die Diplomatie zu Stande bringen, ich meine die Einleitung des Geschäftes. Wir erwarten mit Ungedulb bei anfangender Schiffarth, unsre Gebirgssammlungen von Miask und dem Altai, um alles gehörig studiren zu können. In Semipalatinsk lebt ein Polizeimeister Anton von Klostermann, der eine sehr große Thätigkeit und Kenntniß des asiatischen Handelsverkehrs mit Tschugutschak, Kuldja, Kaschgar besizt und von dem ich recht merkwürdige Arbeiten (Antworten auf Fragen, die ich an vielgereiste Bukharen gerichtet) besizze. Der arme Mann hat eine große Lust in das Departement von Ew. Erlaucht überzugehen und aus Sibirien erlöst zu seyn. Ich habe ihm die Bitte nicht abschlagen können, ihn Ihnen zu nennen.

Meine innigste Verehrung der theuern, mir so wohlwollenden Gräfin!

Dankbarst Ihr

ganz gehorsamster

(untersch.) Alex. Humboldt.

N. S. (auf einem besondern Blättchen).

Diese Zeilen sollte der talentvolle Medailleur Hr. Gube Ew. Excellenz überbringen; da er aber sehr langsam und über Schlesien reiset, so habe ich ihm den Brief wieder abgenommen und nochmals erbrochen.

Al. Hbldt.

42.

Warschau, 2. Junius n. St. 1830.

Ich benuze eine Gelegenheit, welche sich mir darbietet, um Ew. Erlaucht aus dem constitutionellen Lande diesseits der Oder die Versicherung meiner Verehrung und (Sie erlauben mir gern den Ausdruk) meines freundschaftlichsten Andenkens zu erneuern. Diesem Briefe lege ich bei: 4 Bände meiner neuen Ausgabe Essai politique sur le Mexique und den großen Atlas, der das kleine Verdienst hat, den ersten Versuch der Profil=Darstellung ganzer Länderstrekken zu enthalten. Wie müßte ein Profil aus= sehen von Semipalatinsk bis zum Himalaya in Nepaul von N. nach S. durch Central=Asien, gewiß kein zusammen= hängendes Hochland, wie man fabelt, sondern durch 4 Berg= systeme durchschnittenes Land. Mögen Ew. Erlaucht mein kleines Geschenk mit gütiger Nachsicht aufnehmen. Die liebenswürdige Gräfin bitte ich ehrfurchtsvoll das Capitel von den Sitten der Mexikaner zu lesen. Des Kaisers Majestät und auch der Großfürst C. haben mich mit Aus= zeichnungen hier überhäuft. Des Ersteren Gespräche sind oft auf den Altai, von dem er jezt viel besseres erwartet und „den er Ihnen fast hätte aufdrängen müssen"; auf die „unter Ihrer Leitung so aufblühenden Manufacturen";

die Ausstellungen und die Belebung des Vertrauens der Nazion auf eigene Betriebsamkeit; das Forstwesen und die Nothwendigkeit, dem Bürgerstande aufzuhelfen, zurükgekommen. Ich habe mich aller dieser heilsamen und weisen Betrachtungen und der Gemüthlichkeit des edlen Monarchen erfreut. Se. Majestät haben mir auch sehr lobend von den Einrichtungen gesprochen, durch welche Ew. Erlaucht durch eine eigene Ländervertheilung die Bevölkerung in dem goldreichen Ural zu vermehren oder vielmehr permanent zu machen gedenken. Für Ihre Instruction über das Forstwesen Ihres großen Reiches meinen innigsten Dank! Ich werde das Buch, das ich vorläufig der Königl. Bibliothek einverleibe, einst lesen können, denn ich lasse mir noch immer russischen Unterricht geben. Möchte es doch übersezt werden! Könnte ich wohl darin etwas studiren über das Verhältniß der area der mit Wald bewachsenen und nicht bewachsenen Länderstriche im Europ. Rußland, ein für Geognosie und Pflanzen-Geographie gleich wichtiges Problem! Die Ankunft von Helmersen und Hofmann haben mich unendlich erfreut; es sind natürliche, pretensionslose, liebenswürdige Leute, die überall gefallen, weil sie einen regen Eifer zeigen vorwärts zu gehen. Wie sehr mich der Tod des braven Grafen Polier betrübt, brauche ich Ew. Erlaucht nicht erst zu sagen. Auf so viele Punkte Ihres gehaltvollen lebendigen Briefes vom Ostertage kann ich heute nicht antworten. Ich werde es Muße haben in Schlesien zu thun, wohin ich mit Sr. Majestät, der Kaiserin und dem Kronprinzen abgehe. Der hiesige Aufenthalt hat eine Fülle von Ideen bei mir veranlaßt, über die ich im Stillen lange brüten könnte und die man, aus Besorgniß mißverstanden zu werden, Freunden nur mündlich mittheilt. Darf ich Ew. Erlaucht ganz gehorsamst bitten, die

vortrefliche Gräfin meiner innigsten ehrfurchtsvollsten An=
hänglichkeit zu versichern.

Mit aller Dankbarkeit

Ihr

ganz gehorsamster
Al. Humboldt.

Hier lebt ein Forstmann, Hr. v. Brincken, der nicht ohne Verdienst scheint, über den Bialostocker Forst und dessen Auerochsen geschrieben hat und viel Gutes über Bewaldung der Steppen ergrübelte, ein junger Mann! Der Diebstahl Ihres schönen Kabinettes hat mich bei der ersten Nachricht erschrekkt. Er hat aber eine ganz dramatische Seite.

43.

Berlin, 10. November 1832.

Ew. Erlaucht

empfangen, ich weiß es, immer freundlichst den erneuerten
Ausdruk meiner unverbrüchlichen, dankbaren Verehrung
und Anhänglichkeit. Ich vertraue diese Zeilen meinem
jungen Uralischen Reisebegleiter Herrn Hofmann, den Sie
so kräftig Ihres Schuzes gewürdigt haben und der überall,
wo er sich aufhielt, durch Bescheidenheit, Fleiß und Liebens=
würdigkeit der Sitten seinem Vaterlande Ehre gebracht hat.
Wir sehen ihn hier mit Schmerzen scheiden, aber ich lebe
der frohen Hofnung, daß Ew. Erlaucht diesem meinen
jungen Freunde und Reisebegleiter, wie dem braven
Helmersen Gelegenheit verschaffen werden, die eingesammel=
ten sehr gründlichen practischen und wissenschaftlichen Kennt=
nisse in Anwendung zu bringen. Von dem Könige im
April aus Paris, wo ich alle Saturnalien der Cholera
und des tollen politischen Unfriedens erlebt habe, endlich
zurükgerufen, bin ich jezt meinen Arbeiten, denen, zu wel=
chen ich mir einiges Geschik fühle und denen ich (stolz
wiederhole ich es hier) Ihre Freundschaft verdanke, zurük=
gegeben. Eben um nicht in diesen Arbeiten gestöhrt zu
werden, bin ich den wandernden Naturseelen nicht nach

Wien, wo vielfach, unter Gelagen, die gelehrte Eitelkeit Befriedigung gefunden, gefolgt. Es ist mir keine andere Stöhrung geworden, als eine angenehme, und wegen der vulkanischen Umgebung von Teplitz, eine lehrreiche. Ich war brei Wochen mit meinem guten Könige in Böhmen, bei vortreflicher Witterung, die Ew. Erlaucht und die liebenswürdige Ministerin und die, mir unkenntlich herangewachsenen Kinder wohl auch auf dem Lande werden genossen haben. Dort in Teplitz haben uns denn nur die neuen sinnlosen Unternehmungen, welche Antwerpen bedrohen und die der unstaatsmännischen Aufregung und Leidenschaft des Lord Palmerston wohl wenigstens in gleichem Maaße, als den süßlich dogmatisirenden ganz unpractischen Doctrinärs zuzuschreiben sind, etwas beunruhigt. Nichts wird entwirret sein wenn man auch Antwerpen der Eröffnungsrede der Kammern zum blutigen Holocaust bringt oder wenn der König der Niederlande der Macht philosophisch weicht. Rohe Gewalt giebt nicht Recht, und die Scheldefragen, der Drang, den das engl. leidenschaftliche Ministerium hat, de faire une trouée commerciele en Allemagne par le canal d'Anvers, bleiben unbefriedigt. Indessen, und dies ist der wichtigste Theil der Folgen für uns, indessen läßt dieser Zustand der Spannung und Rüstung, diese Politik gegenseitiger Furcht (de peur mutuelle qu'on donne et qu'on reçoit) tiefe Wunden in unserem finanziellen Haushalte. Bleibe ich diesen Winter ungestöhrt, so hoffe ich Ew. Erlaucht im Frühjahr einige Zeichen meines wissenschaftlichen Fleißes darzureichen. Sie würden uns sehr beglükken, wenn Sie uns die Fortsezung des treflichen Gornoi Journal (seitdem ich Rußland verließ) und eine, ich glaube russisch neuerlichst herausgegebene Beschreibung der Kirgisen-Steppe vom Staatsrath Lewschin (einst in Omsk? jezt in Odessa), schikken wollten. Dieser südsibirische Theil der Welt ist immer meine Leidenschaft. Der practisch geschickte Darcat in Paris beschäftigt sich noch immer, durch meine Fragmens asiatiques aufmerksam gemacht, mit der Möglichkeit auf chinesische Art mittelst eines Seiles, ohne Gestänge, artesische Brunnen und andere Bohrlöcher niederzubringen. Bei Brüssel sind die Versuche auch geglükt und vielleicht werden Ew. Erlaucht, durch Ihren Pekiner Mönchsgesandten etwas sicheres darüber ergründen. Darf ich Sie ganz gehorsamst bitten, meine ehrerbietigsten Empfehlungen der Frau Ministerin darzubringen. Für die ungemein interessanten Marschruten in Inner-Asien (am 22. Sept. abgeschikt) die ich so eben durch die Gesandschaft empfange, sage ich meinen herzlichsten Dank! Ich werde viel, sehr viel dadurch geographisch berichtigen können.

Mit dankbarster Verehrung

Ew. Erlaucht

ganz gehorsamster

A. Humboldt.

Anhang.

I. Bemerkungen zu dem Briefwechsel über die Platinmünze.

Das Platin wurde in Rußland zuerst im Jahre 1822 am Ural, auf den Privatbergwerken von Nishne=Tagilsk entdeckt. Im folgenden Jahre fand man dieses Metall auch in dem nördlich daran grenzenden Kronbergdistrict von Goroblagodat oder Kuschwa und sehr bald auch auf verschiedenen uralischen Privatbergwerken.

Als im Jahre 1827 die Platinvorräthe auf der petersburger Münze bis auf 11 Pud herangewachsen waren, lag der Gedanke nahe, dem neuen edeln, aber im ganzen wenig verwendbaren Metall durch einen Münzversuch Absatz zu verschaffen.

Trotz der Schwierigkeiten, mit denen die noch neue Platintechnik zu kämpfen hatte, lieferte die petersburger Münze so ausgezeichnete Probestücke, daß bereits am 19. August desselben Jahres der Kaiser Nikolaus die Zeichnungen für das Gepräge der neuen Münzgattung bestätigte.

Indessen blieb doch noch eine Hauptschwierigkeit zu überwinden: die Feststellung des Münzwerthes bei der völligen Unsicherheit des Platinpreises im Handel.

Graf Cancrin sah sich daher genöthigt, verschiedene ausländische Gelehrte und Fachmänner zu Rathe zu ziehen, und in dieser Veranlassung wurden die unter Nr. 1 und 2 abge=

druckten Briefe an Alexander von Humboldt geschrieben.*) Die darauf erfolgte Antwort vom 19. November 1827 (Nr. 3) bietet um so mehr Interesse, als aus den Acten des Bergdepartements ersichtlich, wie von allen, an das Finanzministerium gelangten Gutachten über die projectirte Platinmünze, dieser allein in vollem Umfange in die Verhandlungen aufgenommene Brief geradezu eine der Hauptgrundlagen derselben bildete. Zudem hat der Verlauf der Platinfrage in Rußland gezeigt, daß Humboldt schon in jenem Briefe das letzte Wort in dieser Sache gesprochen hätte.

In vollkommener Würdigung der von Humboldt gegen die Platinmünze vorgebrachten Gründe begnügte sich Graf Cancrin mit einem Versuche in beschränktem Maße und es spricht für die Stellung, welche er Humboldt bei der Entscheidung dieser Frage einräumte, daß er sich gemüßigt sah, sogleich nach erfolgter Unterzeichnung des kaiserlichen Ukases über die Einführung der Platinmünze vom 24. April 1828, Humboldt hiervon andern Tages, unter Beifügung eines der neuen „weißen Ducaten", die Anzeige zu machen. (Brief Nr. 8.)

Dieser Ukas lautet:

„Unter den Schätzen des uralischen Bergrückens ist unter anderm das bisher fast ausschließlich in Südamerika gefundene Platin entdeckt worden. Um diesem edeln Metall einen bequemen Absatz zu eröffnen, erscheint dessen Verwendung als Münzmetall rathsam, was jedoch erst durch die Erfahrung zu bewähren ist.

Indem Wir zu diesem Zwecke einen Versuch billigen, befehlen Wir:

1) Nach der beigefügten Zeichnung und Beschreibung eine neue Platinmünze zum Werthe von 3 Rbl., im Gewicht von 2 Solotnik 41 Theilen reinen Platins zu prägen. (Vgl. S. 4.)

---

*) Die beigefügten Prägstücke (S. 5) wurden nach Humboldt's Tode von der kaiserlichen Eremitage zu Petersburg angekauft, woselbst sie in der russischen Münzabtheilung aufbewahrt werden.

2) Diese Münze vorläufig in beschränkter Menge aus den dem Staatsschatze gehörigen Platinvorräthen zu schlagen und den Bergwerksbesitzern freizustellen, das von ihnen gewonnene Platin gegen die auf dem petersburger Münzhof geschlagene Platinmünze, nach Abzug der Raffinirungs- und Prägekosten, umzutauschen. (Vgl. S. 5.)

3) Die dreirubelige Platinmünze bis auf weiteres in freiwilligen Umlauf zu setzen, dergestalt, daß niemand zu deren Annahme verpflichtet wird, woraus folgt, daß die Ausfuhr dieser Handelsmünze ins Ausland, sowie deren Verarbeitung nicht verboten ist. (Vgl. S. 2.) Die Fälschung dieser Münze hingegen unterliegt denselben Gesetzen wie die Fälschung der übrigen Münzen des Reiches."

Die beigefügte Beschreibung enthält folgende Erläuterungen:

„Das Platin ist härter als Silber, spielt mehr ins Bläuliche und dessen relatives Gewicht übertrifft um mehr als das Doppelte das Gewicht des Silbers. Es ist an und für sich nicht schmelzbar, läßt sich aber hämmern. Gegen Säuren verhält es sich ebenso wie das Gold.

Der Platinwerth in der neuen Münze ist nach dem gegenwärtigen Durchschnittspreise dieses Metalls in Europa berechnet und beträgt etwa den fünffachen Werth des Silbers. (Vgl. S. 4.)

Da die dreirubelige Platinmünze die Größe eines silbernen 25-Kopekenstückes und das Gewicht eines halben Silberrubels hat, so ist sie leicht zu unterscheiden." (Vgl. S. 2.)

Bald darauf wurde mittels Ukases vom 30. November 1829 auf denselben Grundlagen eine Platinmünze zu 6 Rbl., im Gewicht von 4 Sol. 82 Th., und von der Größe eines halben Silberrubels eingeführt; im Jahre 1830 endlich, mittels Ukases vom 12. September, eine Münze zu 12 Rbl., im Gewicht von 9 Sol. 68 Th., von der Größe eines Silberrubels. Welche Gründe für die Prägung dieser beiden größern Münzsorten vorlagen, ist aus den Acten des Bergdepartements nicht zu ersehen.

Bei der Einführung der Platinmünze im Jahre 1828 wurde deren Metallwerth zu 1 Rbl. 23⅗ Kop. für das Solotnik oder zu 4746 Rbl. für das Pud angenommen. In der Folge differirte dieser Nominalwerth so bedeutend von dem Handelswerthe des Metalls, daß im Jahre 1843 das Finanzministerium die Frage in Berathung zog, ob unter solchen Umständen mit der Prägung von Platinamünze fortzufahren sei. Im Jahre 1844 wurde die Differenz bereits auf 137 Proc. berechnet, und als im Jahre 1845 die auf den Hauptmärkten (Paris, London, Hamburg) officiell eingezogenen Nachrichten ergaben, daß die Preise zwischen 2503 und 2808 Rbl. S. für das Pud schwankten, das Solotnik also statt 1 Rbl. 23 Kop. nur 65—74 Kop. kostete, sah sich die Regierung veranlaßt, folgende, am 9. Februar 1845 allerhöchst bestätigte Maßregeln zu treffen:

1) Die Prägung von Platinmünze einzustellen, mit Ausnahme desjenigen Quantums, zu dessen Prägung das Metall bereits an den Münzhof geliefert war und das daher noch zur Befriedigung der Bergwerksbesitzer erforderlich blieb.

2) Die emittirte Platinmünze, solange deren Circulation nicht im Publikum auf Schwierigkeiten stieße, in Umlauf zu belassen, gleichzeitig aber die allmähliche Zurückziehung dieser Münze aus dem Verkehr in Aussicht zu nehmen.

3) Für das von Privaten gewonnene rohe Platin die Raffinirung auf dem petersburger Münzhofe obligatorisch zu machen; nach Abzug der gesetzlichen Abgabe und der Raffinirungskosten aber den Eigenthümern das Platin in gereinigtem Zustande zu freier Verfügung zu stellen.

4) Das dem Schatze gehörige Platin ins Ausland zu verkaufen oder nach Bedarf anderweitig zu verwenden.

5) Die Ein- und Ausfuhr der Platinmünze zu verbieten.

6) Die Ausfuhr von Platin in Körnern, Barren und Fabrikaten mit einer, dessen Münz- und Handelswerth aus-

gleichenden Steuer zu belegen; die Platineinfuhr hingegen in keiner Form zu gestatten.

Die Unzulänglichkeit dieser Uebergangsmaßregeln rief schon nach wenigen Monaten die definitive Verordnung vom 22. Juni 1845 hervor, wodurch ein sechsmonatlicher Termin für die Einlieferung der emittirten Platinmünze an die Staatskassen gegen Gold=, Silber= und Papiergeld angesetzt wurde.

In dem Zeitraum von 1828—45, wo die jährliche Ausbeute an Platin bis auf 200 Pud gestiegen war, wurde

an Platinmünze emittirt . . . . . . 4,146504 Rbl.
davon an die Staatskassen zurückgeliefert . 3,263292 Rbl.
Rest   883212 Rbl.

Eine Erklärung für diesen bedeutenden Rest hat man darin finden wollen, daß die Platinmünze mit Vorliebe von dem Landvolke aufbewahrt wird, das in den durchweg von Holz erbauten und bei der verhängnißvollen Sorglosigkeit unaufhörlich von Feuersbrünsten heimgesuchten Dörfern seine Ersparnisse nur in dieser Münzgattung vor Zerstörung gesichert sieht.

Die Platinausbeute Rußlands betrug in dem Zeitraum von 17 Jahren

auf den Staatswerken .   39 Pud 3 Pfd. 90 Sol. 64 Th.
auf den Privatwerken . 2683 Pud 31 Pfd. 50 Sol. 13 Th.
in allem 2722 Pud 35 Pfd. 44 Sol. 77 Th.

Die erstern Zahlen beziehen sich auf die Kronbergdistricte von Goroblagodat und Bogoslowsk, die letztern fast ausschließlich auf die Privatwerke von Nishne-Tagilsk.

Die Aufhebung der Platinmünze hatte das sofortige Sinken der (von 100 Pud jährlich, im Jahre 1843 bis auf 210 Pud gestiegenen) Platinausbeute zur Folge und zwar in solchem Maße, daß im nächsten Decennium jährlich nur etwa

40 Pud gewonnen wurden. Als indessen seit dem Jahre 1857 die Platinpreise constant zu steigen anfingen und demzufolge die Ausbeute wieder 80 Pud erreichte, erschien es dem Finanzministerium geboten, die in der petersburger Münze als todtes Kapital aufgehäuften Platinvorräthe von circa 900 Pud*) für den Staatsschatz nutzbar zu machen, anderseits aber auch durch Belebung des Platinbetriebes dem seit 1845 permanent gewordenen Ausfall an Steuern zu begegnen. Endlich kam der Umstand dazu, daß das von den französischen Chemikern Sainte-Claire Deville und Debral entdeckte vereinfachte Verfahren zur Reinigung des Platinerzes eine Verringerung der Kosten in Aussicht stellte.

Die im November 1858 beim Finanzministerium eingesetzte Commission zur Berathung einer Reform des russischen Münzsystems nahm daher auch die Wiedereinführung der Platinmünze in ihr Programm auf, wobei die von Humboldt dem Grafen Cancrin gegenüber ausgesprochenen Bedenken aufs neue in Berathung gezogen wurden. Jedoch erst gegen Ende des Jahres 1861 stellte der Finanzminister bei dem Reichsrathe den betreffenden Antrag, der am 5. Februar 1862 die allerhöchste Genehmigung erhielt. Hiernach wurde 1) der Münzwerth des Platin auf 85 Kop. das Solotnik, d. i. 3264 Rbl. für das Pud festgesetzt und bestimmt, daß die Münze zu diesem Preise von den Staatskassen ausgegeben und angenommen werden solle;

2) die Ein- und Ausfuhr des Platin in jeder Gestalt vom Zoll befreit;

3) den Privaten freigestellt, für das an den petersburger Münzhof abzuliefernde Platin dessen Werth nach Abzug der Kosten in Platinmünze zu empfangen;

4) den frühern Bestimmungen gemäß die Verarbeitung der Münze zu anderweitigen Zwecken freizugeben.

5) Der Münzhof wurde angewiesen, bis zur Anlegung von

---

*)   445 Pud 4 Pfd. in Münze,
       452 Pud 18 Pfd. in anderer Form.
       897 Pud 22 Pfd.

Privatfabriken für Platinindustrie zur Bequemlichkeit des Publikums Bestellungen auf die nöthigen chemischen Geräthschaften aus Platin entgegenzunehmen.

Endlich wurden am 30. März 1862 die Zeichnungen für die wiederherzustellende Platinmünze im Betrage von 3 und 6 Rbl. Allerhöchst genehmigt.

Indessen hatten die von Sainte-Claire Deville und Debral im Auftrage der russischen Regierung gemachten ausgedehnten Versuche nicht zur Herstellung eines für die Münze tauglichen Metalls geführt. Es stellten sich der Erneuerung der Platinmünze aber auch noch anderweitige Schwierigkeiten entgegen, sodaß im April 1863 eine besondere Commission zur Erledigung der Frage niedergesetzt werden mußte.

Die äußere Veranlassung hierzu bot das von dem Hauptproducenten des russischen Platins, Herrn Paul Demidow, Besitzer von Nishne-Tagilsk, eingereichte Gesuch um die Berechtigung, das von ihm gewonnene rohe Platin, unabhängig vom petersburger Münzhof, im In- oder Auslande raffiniren zu lassen, und zu diesem Zweck eigene Laboratorien anzulegen.

Die Platincommission erkannte in ihrer am 5. October 1863 von dem Finanzminister von Reutern bestätigten Resolution die von dem Reichsrathe schon im Jahre 1861 gegen die Ausführungen des frühern Ministers aufgestellten Bedenken vollkommen an und erklärte sich definitiv gegen die Erneuerung der Platinmünze.

In diesem Bedenken finden wir die von Humboldt vor mehr als 35 Jahren ausgesprochene Verurtheilung dieser Finanzmaßregel wieder. Wenn auch nicht gerade ein Citat vorliegt, so stimmt doch die Motivirung fast mit den im Briefe des Grafen Cancrin vom 8/20. December 1827 (Nr. 5) resumirten Gründen Humboldt's gegen die Einführung der Platinmünze überein.

Der Wortlaut der Resolution ist an betreffender Stelle folgender:

„Bei aller Würdigung gewisser natürlicher Vorzüge, welche

das Platin als Münzmetall verwendbar erscheinen lassen, ist doch nicht zu übersehen, daß ihm viele andere Eigenschaften fehlen, deren Zusammenwirken allein das Gold und Silber befähigen, als Tauschmittel zu dienen und die Natur allgemein gültiger Münze anzunehmen. Bei dem Mangel an allgemeiner Nachfrage nach Platin, bei der Unmöglichkeit, für dieselbe einen allgemein gültigen Preis zu fixiren, wird die aus diesem Metall geprägte Münze immer nur eine relative Bedeutung und einen bedingten Werth, und zwar in äußerst engen Grenzen haben, insofern sie nur unter der Bedingung der Annahme in den Staatskassen in Umlauf gesetzt werden könnte."

Die übrigen von der Commission aufgeführten Gründe sind localer Natur. Namentlich ist hervorgehoben, daß seit der Einführung einer bequemen und vollkommen zweckentsprechenden kupfernen und (72procentigen) silbernen Scheidemünze die Platinmünze um so mehr überflüssig erscheine, als sie bei ihrem relativen Werthe doch nur eine Art Billon bleiben würde.

Nachdem die Frage wegen Wiedereinführung der Platinmünze verneinend ausgefallen, blieb dem Finanzministerium die Aufgabe, die Mittel zu einer, dem Platinreichthum des Landes entsprechenden Entwickelung dieses Industriezweiges zu finden.

Zunächst führten die von der Platincommission als unzeitgemäß verurtheilten Beschränkungen des Platinbetriebes zur Aufhebung einer Reihe von Gesetzesbestimmungen, welche zu bequemerem Verständniß in kurzer Uebersicht folgen mögen.

Nach den bestehenden Bergverordnungen waren die Privaten (seit 1845) verpflichtet, das sämmtliche von ihnen gewonnene rohe Platin an den petersburger Münzhof einzuliefern, von wo es dann in raffinirtem Zustande, nach Abzug der Raffinirungskosten und Zurückbehaltung von 15 Proc.*) des

---

*) Der allgemeine Steuersatz ist 10 Proc., während nur die Privatwerke, welche vom Staate gewisse territoriale Vergünstigungen genießen, mit 15 Proc. belastet sind. Zu letztern gehört Nishne-Tagilsk, welches gegenwärtig fast ausschließlich Platin liefert.

gereinigten Metalls, als gesetzlicher Abgabe, sowie der Rück=
stände, mit Einschluß der darin enthaltenen andern Metalle,
den Eigenthümern wieder zu freier Verfügung gestellt wurde.

Die Reinigungskosten betrugen 7 Rbl. 91$^{17}/_{233}$ Kop. für
das Pfund mindestens 60procentigen rohen Platins; bei ge=
ringerm Metallgehalt wurden die Kosten entsprechend höher
berechnet. Somit kostete die Raffinirung eines Pud Platin
circa 316 Rbl., während in Wirklichkeit die Kosten nicht
69 Rbl. überstiegen. Da zudem die Platinsteuer in natura
und zwar (seit 1845), weil der Metallgehalt im rohen Platin
schwankt, in raffinirtem Platin erhoben wurde, so hatten die
Eigenthümer auch die Raffinirungskosten für den als Abgabe
in dem Münzhof zurückbehaltenen Theil zu tragen, abgesehen
von allen Nachtheilen, welche ihnen schon durch die Beschrän=
kung ihres Eigenthumsrechts erwuchsen.

Auf die wegen Beseitigung dieser Mißverhältnisse von dem
Finanzminister von Reutern bei dem Reichsrath gemachten
Anträge erfolgte die allerhöchst am 29. Mai 1867 bestätigte
gegenwärtig bestehende Verordnung. Hiernach ist:

das von Privaten gewonnene Platin vor anderweitigem
Gebrauch nach wie vor bei dem petersburger Münzhof einzu=
liefern; jedoch hat letzterer nur das Platin in Bezug auf
etwaigen Goldgehalt zu untersuchen und die gesetzliche Abgabe
in rohem Platin in selbem Verhältniß wie vom Golde ein=
zuheben;

das bei der Reinigung des Waschgoldes gewonnene Os=
mium und Iridium verbleibt wie früher dem Reichsschatz.

Indem dem Finanzminister überlassen bleibt, Privat=
personen die Concession zur Anlegung von Laboratorien und
sonstigen Anstalten zur Raffinirung des rohen Platins zu er=
theilen, wird die obligatorische Raffinirung des rohen Pla=
tins durch den Münzhof ausdrücklich aufgehoben. Auf Wunsch
von Privaten kann die Raffinirung auf dem Münzhofe für
eine den wirklichen Kosten entsprechende Zahlung noch ferner=
hin stattfinden, jedoch bleiben für die bereits an den Münzhof

abgelieferten Platinvorräthe*) die früheren gesetzlichen Bestimmungen in Kraft.

---

*) Nach officiellen Angaben befand sich im März 1867 auf dem petersburger Münzhof an Platin:

Privaten gehörig, roh	97 Pud	30 Pfd.
Dem Staatsschatz gehörig:		
in 3rubliger Münze	389 „	4 „
gereinigt, in verschiedener Form	240 „	7 „
roh und gemischt	23 „	61 „

II. Bemerkungen zu den Reisebriefen.

Bei der persönlichen Begegnung mit dem Grafen Cancrin im Frühjahre 1829 wurde Humboldt hinsichtlich verschiedener administrativer Fragen zu Rathe gezogen und nahm deshalb Veranlassung in einzelnen Reisebriefen die von ihm bemerkten Uebelstände zu berühren. Der Minister ließ die betreffenden Stellen ins Russische übersetzen und in dieser Gestalt haben sie die Grundlage oft langjähriger Verhandlungen gebildet. Es sind das namentlich die Bemerkungen über die ersoffene Goldgrube zu Beresow (Brief Nr. 21), über den wachsenden Holzmangel auf dem Ural und vorzugsweise die (übrigens mit diplomatischer Vorsicht*] gegebenen) Winke in Bezug auf die den Bergbetrieb hemmenden Arbeiterverhältnisse der „Masterowoi's", der technischen Arbeiter, und der „Krepostnoi's", der zu den Hülfsarbeiten an den Berg= und Hüttenwerken verwendeten Bauern. (Brief Nr. 22, S. 76.)

Nach Petersburg zurückgekehrt, theilte Humboldt dem Minister noch fernere Beobachtungen mit, welche Anknüpfungspunkte für einen weitverzweigten Schriftwechsel zwischen den Bergbehörden dargeboten haben. Den Hauptgegenstand des=

---

*) Vgl. Briefe Nr. 11, S. 45; Nr. 22, S. 74; Nr. 23, S. 79; endlich „Centralasien" von Alexander von Humboldt, übersetzt von D. W. Mahlmann (Berlin 1844), Widmung an den Kaiser Nikolaus, wo es unter anderm heißt: „Sie erklärten .... daß bei meinen Untersuchungen alles, was materielle und örtliche Interessen beträfe, nur eine Nebenrolle spielen solle."

selben bildete der Vorschlag, auf dem Ural freie Arbeiter mit Zutheilung von Grundeigenthum anzusiedeln.

Wie lebhaft die Arbeiterverhältnisse des Ural den damals gerade mit Maßregeln zur Hebung des Wohlstandes der auf den Kronländern angesiedelten Bevölkerung beschäftigten Minister interessirten, geht daraus hervor, daß er bald nach Humboldt's Abreise, Anfang December 1829, einen umfassenden Gesetzentwurf zur Abhülfe der bemerkten Misstände dem Chef der uralischen Bergwerke, General Boguslawski zur Begutachtung übersandte. (Vgl. Brief Nr. 42, S. 129.)

Dem „Mangel an Arbeitskräften und Bodencultur auf ausgedehnten Strecken" sollte begegnet werden:

1) Durch gruppenweise Ansiedelung von Kronbauern mit Zutheilung von Pachtland und Befreiung von obligatorischer Arbeit auf den Berg= und Hüttenwerken.

2) Durch sporadische Ansiedelungen in der Form von Erbpachtstellen, sowol zu landwirthschaftlichen wie industriellen Zwecken, für Freie verschiedener Stände, namentlich für Bergbeamte, ausgediente Arbeiter u. s. w., mit sechsjähriger Befreiung von Abgaben und mäßigem Pachtzins.

3) Zur Hebung des Land= und Gartenbaues sollte jede Arbeiterfamilie in möglichster Nähe des Wohnhauses ein Stück culturfähigen Landes zu erblicher zinsfreier Nutzung erhalten. Dabei sollten für Strebsame Prämien ausgesetzt werden.

4) Mit der Hebung der Landwirthschaft endlich sollte die Vermehrung der Städte und die Verbreitung städtischer Gewerbe Hand in Hand gehen, wofür bereits in dem Entwurfe der neuen Bergverordnung durch die den Sawoden zu ertheilenden Vergünstigungen vorgesorgt sei. „Insbesondere sei es wünschenswerth, Fabrikarbeiten einzuführen, an denen das weibliche Geschlecht theilnehmen könne, das auf dem Ural in völliger Unthätigkeit lebe."

Die nach Einziehung der erforderlichen Nachrichten und Gutachten von den Localbehörden erst im Mai 1831 erfolgte Antwort des Generals Boguslawski fiel zum großen Theil gegen die Neuerungen aus.

Es hatte sich herausgestellt, daß, mit Ausnahme der durch ihr unwirthliches Klima zur Ansiedelung ungeeigneten nördlichsten Districte von Goroblagodat und Bogoslowsk, es in den Kronbergdistricten an disponiblem Grund und Boden zu den projectirten Ansiedelungen fehle.

Dabei, hieß es, sei von neuen Ansiedlern nur vermehrte Gefahr rücksichtlich des wachsenden Waldmangels zu besorgen.

Die Arbeiter seien auf den Berg= und Hüttenwerken dermaßen in Anspruch genommen, daß sie für den Landbau weder Zeit noch Mittel übrig hätten.

Dagegen wurde der für die Begriffe jener Zeit charakteristische Vorschlag gemacht: die vom Minister projectirten Erbgrundstücke an Bergbeamte, vorzugsweise dimittirte zu verleihen, welche als Adeliche berechtigt wären darauf Leibeigene anzusiedeln. Gegen die Vermehrung der Städte endlich war von den Localbehörden als Hauptgrund die gleiche Besorgniß wegen des gesteigerten Holzbedarfs hervorgehoben, sowie gegen den Plan, unter den Arbeitern städtische Gewerbe in Aufnahme zu bringen, die lakonische Bemerkung, daß die Gruben= und Hüttenarbeiten ihnen dazu keine Zeit ließen.

Erwägt man, daß die vom Grafen Cancrin beabsichtigte Ansiedelung von Freien mitten unter Hörigen, die nothwendig sich ändernde Stellung der letztern durch den ihnen zugedachten materiellen Wohlstand, die Emancipation ganzer Bevölkerungsgruppen endlich durch Erhebung einzelner Sawoden zu dem Range von Städten, ebenso viele, den herrschenden Gewalten, Adel und Bureaukratie, feindliche Gewalten in sich bargen, so kann jener — auf dem Holzwege vorgebrachte — Protest nicht wundernehmen.

Der Schriftwechsel zwischen dem Ministerium und den Localbehörden dauerte Decennien fort. Unter den gegebenen socialen und klimatischen Verhältnissen aber konnten die humanen Reformen Cancrin's nicht Boden gewinnen, und so haben die von ihm angeregten Verhandlungen, mit Ausnahme der Uebersiedelung von ein paar hundert Familien aus einem Bergrevier in das andere, zu keinem nennenswerthen Resultat geführt. Dagegen hat die vieljährige und zugleich vielseitigste Bearbeitung der zur Sprache gekommenen Specialfragen unstreitig zur Klärung der Arbeiterverhältnisse wesentlich beigetragen, und die Acten bilden insofern ein lehrreiches und interessantes Material für die Geschichte des Landes.

Die Gruben- und Hüttenarbeiter wurden bekanntlich erst durch das Emancipationsgesetz von 1861 von der obligatorischen Arbeit befreit.

Nicht minder hat erst die neueste Gegenwart die ökonomischen Reformen gezeitigt, welche schon von Humboldt als nothwendig erkannt wurden.

„Dem Eisenbetriebe droht Gefahr!" so warnte er beim Anblick der von ungeheuern Feuersbrünsten und Raubwirthschaft verwüsteten Wälder, und bei der gewonnenen Ueberzeugung, daß von den am Ural entdeckten Kohlenlagern keine wesentliche Hülfe zu erwarten sei. Die Befürchtung ist leider eingetroffen und spät genug erst können die Hebel angesetzt werden, welche indessen andere Länder an die Spitze der metallischen Industrie gestellt haben.

Die Herstellung von brauchbarem Roheisen aus einheimischen Erzen mit einheimischer Steinkohle ist nach den vergeblichen Versuchen eines Menschenalters (vgl. Brief 41, S. 126) erst der Energie der gegenwärtigen obersten Bergverwaltung in der Person des durch die Erfindung eines „Universal-Hohofens" bekannt gewordenen Generals von Raschette auf der für jene Versuche eigens angelegten Hütte Petrowski-Sawod in Südrußland gelungen. Gleichzeitig haben die umfassenden Untersuchungen von G. von Helmersen dort bekanntlich ein ungeheueres Kohlengebiet nachgewiesen. Es ist also dem Süden die Aufgabe der Massenproduction zugefallen, wie sie durch das rasche Wachsthum des russischen Eisenbahnnetzes bedingt wird, während der Ural mit seinem kostbaren Holzkohleneisen nach wie vor die Bedürfnisse der höhern Eisenindustrie zu befriedigen haben wird.

Aber auch ihm steht eine neue Zeit bevor, seitdem die Nothwendigkeit erkannt worden ist, das Gebirge durch eine Eisenbahn mit den Wasserstraßen des Kama- und Irtyschgebietes in Verbindung zu setzen. Diese Idee, wofür zuerst Hr. von Raschette durch eine im Jahre 1861 publicirte Broschüre eintrat, hat seitdem mehrfache Projecte hervorgerufen, wobei es sich im wesentlichen darum handelt, ob nach dem in der Broschüre vorgelegten Plane der Schienenweg den Ural an dem factischen Centralpunkte seiner Metallindustrie, Nishne-Tagilsk, oder bei der formellen Berghauptstadt Katharinenburg durchschneiden soll.

III. Reiseroute.

A.

Bei den Originalbriefen Humboldt's aufbewahrt.

(In französischer Sprache.)

8/20. Mai.		Von Petersburg ab 9 Uhr morgens.
9/21.	»	In Waldái nachts.
10/22.	»	Am See und auf Popówa Gorá bis Nachmittag.
12/24.	»	In Moskau gegen Mittag.
16/28.	»	Von Moskau ab, Wladimir.
18/30.	»	Múrom.
19/31.	»	In Nishni-Nówgorod 3 Uhr nachmittags.
23/4.	»	Auf der Wolga nach Kasán 4 Uhr morgens.
24/5.	»	Excursion nach Bolgáry von 2 Uhr nachmittags bis
26/7.	»	9 Uhr abends.
28/9.	»	Von Kasán ab 7½ Uhr morgens.
31/12.	»	In Werchne-Mulýnsk 5 Uhr morgens.
1/13. Juni.	»	Perm, Kungúr.
3/15.	»	» Bilimbájewsk, Schaitánski-Sawod.
3/15.	»	» Katharinenburg 3 Uhr nachmittags,
4/16.	»	die Steinschleiferei besucht,
5/17.	»	die Goldseifen von Schábrowsk, den Rhodonitbruch und

III. Reiseroute.

B.

Aus dem Finanzministerium Humboldt übersandt den 29. November 1829.

(Copie in russischer Sprache.)

8. Mai.	Zárskoje=Sseló,		
	Nowgorod, Krestzy, Wýschni=Wolo=		
	tschók, Torshók, Twer, Klin.		
12. »	Moskau	698¼	Werst.
	Bogoródsk, Wladimir, Súdogda,		
	Múrom.		
19. »	Nishni=Nowgorod	441¼	»
	Auf der Wolga	380	»
	Kasán		
	Ruinen der Bulgaren=Hauptstadt		
	Brjachimowa, das heutige russische		
	Dorf Bolgary	140½	»
	Spask	22	»
	Zurück nach Kasan, zu Lande . .	86	»
	zu Wasser . .	30	»
	Malmýsh,		
	Ochánsk		
Juni.	Perm, Kungúr,		
	Katharinenburg	934¼	»

A.

5/17. Juni. Eisenhütte Nishne-Issétsk.
6/18. » Ausflug nach Berésow (Gruben Blagowéschtschenski und Preobrashénski), den Goldseifen Pérwo-Páwlowskaja, Mariinskaja, Nagórnaja und Klenowskaja (róssyp).
8/20. » Rückkehr über den See Schartásch, die Eisenhütte Werch-Issétsk.
9/21. » In Katharinenburg, Marmorbrüche von Gornoschitski Sawod, Serpentinbrüche, Vorkommen von Corund, die Goldseife Nikolajewskaja und Polewskói Sawód.
11/23. » Goldseife Nikolajewskaja im Thale Shelésinskaja, Kupfergrube Gumeschéwski.
12/24. » In Katharinenburg.
13/25. » Abfahrt nach Bogoslówsk, Goldseifen (Malo-)Pýschminskaja, Malo-Mostowskája und Werchotúrskaja.
13/25. » Newjánsk um Mitternacht.
14/26. » Goldgrube von Newjánsk, Goldseifen an der Neiwa und Neiwinsko-Stolbinsk, zu Mittag in Werch-Neiwinsk, zurück nach Newjansk.
15/27. » In Nishne-Tagílsk mittags, am Abend Besichtigung des Magnetbergs und der Hüttenwerke; die Kupfergrube (Mädno-Rudjánsk) befahren 9 Uhr abends.
16/28. » Die Goldseifen Wilúiskaja, Bértowskaja, Schurf auf der Bértewaja Gorá.
17/29. » Ueber Tschorno-Istoschtschinsk nach den Platinseifen: Sucho-Wissimskaja, Rublowskaja, Suchói Log.; Besteigung der Bjélaja Gorá.
18/30. » Von N. Tagílsk ab über Laja nach Kuschwa.
19/1. » Besteigung des Blagodát, Abreise 4 Uhr.
20/2. » Werchne- und Nishne-Turínsk, das Seifenwerk Pitátelewsk.

B.

10. Juni. Von Katharinenburg nach Polewskói
Sawód und zurück . . . . . 120 Werst.

In der Umgebung von Katharinenburg 80 »

Newjánsk.

Werch-Neiwinsk.
Nishne-Tagílsk.

    Kuschwa,
    Werchne und
20. » Nishne-Turínsk, Werchotúrje.

A.

21/3.	Juni.	In Bogoslówsk 9 Uhr abends.
22/4.	»	Die Turjínskischen Kupfergruben und Goldseifenwerk Alexandrowsk.
23/5.	»	Beobachtung mit Eis gemengter Erde in einem Schurf.
24/6.	»	Von Bogoslowsk ab 2 Uhr.
26/8.	»	Werchotúrje, Alapájewsk, Réshewsky Sawod, Steinbrüche des Totschílnaja Gorá.
27/9.	»	Mursinsk, Topas- und Beryllbrüche.
28/10.	»	Amethystbrüche, Schaitánsk.
29/11.	»	In Katharinenburg 7 Uhr morgens.
1/13.	Juli.	Goldseife Kalinowsk am Schartáschsee.
2/14.	»	Die Münze und Goldschmelzvorrichtungen zu Katharinenburg.
6/18.	»	Von Katharinenburg nach Tobólsk 9 Uhr morgens.
7/19.	»	Ueber Tjumén.
8/20.	»	In Tobolsk abends. Ausflug nach dem Dorfe Shúkowa.
12/24.	»	Von Tobolsk ab 7 Uhr morgens.
15/27.	»	Kloster Abalák, Tara.
17/29.	»	Durch die Barabínskische Steppe nach Káinsk. Ankunft 4 Uhr morgens.
18/30.	»	Von Kainsk ab 6 Uhr nachmittags. Uebergang über den Ob bei Bergsk.
21/2.	»	In Barnaúl 5 Uhr morgens.
23/4.	»	Von Barnaul ab 10 Uhr abends.
24/5.	»	Durch die Platowsche Steppe an den See von Kolywán.
25/6.	»	In Schlangenberg 10 Uhr morgens. Besuch der Grube am Abend.
26/7.	»	Ausflug nach der Steinschleiferei von Kolywánsk.
28/9.	»	Von Schlangenberg ab 3 Uhr. Ridderski Sawod 7 Uhr.

B.

21. Juni. Bogoslówsk . . . . 473 Werst.

Zurück nach Katharinenburg über Werchoturje, Alapájewsk, Ré-shewsky Sawod und Totschílnaja Gorá.
Mursinka.
Schaitánka.
Katharinenburg . . . . . . 532 »

Kamyschlów.
Tjumén.
Tobólsk . . . . 562 »

Tára.
17. Juli. Kainsk.

20. » Barnaúl . . . . 1471½ »

Schlangenberg . . . . 269 »

Ausflug nach der Steinschleiferei von Kolywan . . . . . . 97½ »

A.

29/10. Juli. Die Gruben Ribberski und Krjukowski. (Excursion des Professors Ehrenberg nach dem Prochodnói Bjelók.)

31/12. » Von Ribberskí ab 10 Uhr morgens. Besteigung des Krúglaja Sópka.

1/13. August. In Ust=Kamenogórsk 4 Uhr morgens.

2/14. » Von Ust=Kamenogórsk ab 9 Uhr morgens.

3/15. » In Buchtarmínsk zu Mittag. Von Buchtarmínsk ab 5 Uhr. In Syrjánowsk um Mitternacht.

4/16. » Die Grube von Syrjánowsk. Abreise nach der chinesischen Grenze 5 Uhr. In Baty (Chonimailä=chu) zu Mittag, zurück über Krasnojársk.

6/18. » Nach Buchtarmínsk 5 Uhr abends.

7/19. » Von Buchtarmínsk 8 Uhr morgens. Nach Ust=Kamenogórsk auf dem Irtýsch. Ankunft 9 Uhr abends.

8/20. » Von Ust=Kamenogórsk ab 8 Uhr abends.

9/21. » In Semipalatínsk 11 Uhr abends.

10/22. » Von Semipalatínsk ab 3 Uhr.

13/25. » In Omsk 10 Uhr abends.

16/28. » Von Omsk ab 9 Uhr morgens.

17/29. » In Petropáwlowsk 3 Uhr.

18/30. » Von Petropáwlowsk ab 5 Uhr abends.

21/2. » In Tróizk 1½ Uhr nachts. Von Tróizk ab 8 Uhr abends.

22/3. » In Miásk.

23/4. » Die Goldseifen Nicolaje=Alexéjewskaja, Kawélinskaja, Wtóro= und Tretje=Kastinowskaja, Wtóro und Perwo=Páwlowskaja, Mariinskaja, Zárewo=Alexándrowskaja, Wtóro= und Perwo=Zárewo=Nicolájewskaja.

24/5. » Excursion zum Ilménsee nach Nordost.

B.

29. Juli. Ridderski rudnik.

3. August. Ust=Kamenogórsk . . . . . . 322 Werst.

   Ust=Buchtarminsk.

		Syrjánowski=rudnik	168	»
5.	»	Chonimailä=chu	138	»
6.	»	Buchtarminsk	126	»
8.	»	Fahrt nach Ust=Kamenogórsk auf dem Irtysch	120	»
9.	»	Semipalatinsk	159	»
13.	»	Omsk	689³⁄₄	»
17.	»	Petropáwlowsk	276	»
20.	»	Troizk	507½	»
22.	»	Miásk	148	»

A.

25/6.	August.	Nach Süden (Topas und grüner Feldspath).
26/7.	»	Von Miásk nach Slatoúst ab 7½ Uhr morgens. Unterwegs die Goldseife Knjäse-Alexandrowskaja.
27/8.	»	Excursion auf dem Großen Taganái.
28/9.	»	In Slatoúst.
29/10.	»	Von Slatoúst ab 8 Uhr morgens nach den Goldseifen Miáskaja und Soimonowskaja.
30/11.	»	Kupfergrube daselbst. Auf dem Wege nach Kyschtým das Goldseifenwerk Anninskoi, in Kyschtým abends.
31/12.	»	Excursion nach dem Goldseifenwerk Barsowskói, zurück über Soimonowski.
1/13.	September.	In Miásk 5 Uhr abends bis
4/16.	»	daselbst. Excursion des Professors Rose nach dem Auschkúl und der Kupferhütte Poljakówsk.
5/17.	»	Werchne-Urálsk.
6/18.	»	Amygdaloid von Grjasnuschéwsk.
7/19.	»	In Orsk 5 Uhr nachmittags. Jaspisbrüche. Von Orsk ab 10 Uhr abends nach Guberlinsk.
9/21.	»	in Orenburg.
10/22.	»	Excursion nach Ilézkaja Saschtschíta.
14/26.	»	Von Orenburg ab.
15/27.	»	In Urálsk 5 Uhr nachmittags.
16/28.	»	Abreise 3 Uhr nachmittags über Busulúk.
18/30.	»	In Samára morgens 9 Uhr. Sysran.
20/2.	»	Wolsk mittags.
21/3.	»	Katharinenstadt, Sarátow um Mitternacht.
23/5.	»	Von Sarátow ab. Kamýschin.

B.

22. August.   Slatoúst.

31.   »   Kyschtym.

 September. Miask . . . . 226½ Werst.

4.   »   Poljakówski rudnik 94   »
   Werchne-Urálsk 153   »

9.   »   Orenburg 592   »
   Nach Ilézkaja Saschtschíta und
    zurück 128   »
16.   »   Urálsk 304   »
18.   »   Busulúk . . . . 200½ »
   Samára 165   »
   Sysran 126   »
   Chwalynsk, Wolsk . . . . 157½ »
21.   »   Sarátow 100   »

   Kamyschin.

*Humboldt-Cancrin.

A.

25/7.	September.	In Dubówka 6 Uhr morgens.
		Desselben Tages Partie nach dem Eltonsee.
26/8.	»	Zurück nach Dubówka 4 Uhr abends.
27/9.	»	Ankunft 7 Uhr morgens.
27/9.	»	In Sarépta (über Zarizyn) 4 Uhr nachmittags.
28/10.	»	Von Sarepta ab 3 Uhr nachmittags.
30/12.	»	In Astrachan (über Jenotajewsk) 4 Uhr nachmittags.
2/14.	October.	Fahrt zu den Mündungen der Wolga 4 Uhr nachmittags.
3/15.	»	Am Morgen in Birutschicassa. Zu Mittag wieder eingeschifft und auf dem Meere bis 10 Uhr morgens.
4/16.	»	Die Insel mit dem Leuchtthurm passirt. Rückfahrt auf der Wolga nachts.
5/17.	»	Die Fischereien von Sapóshnikow im Tschagan 3 Uhr.
6/18.	»	In Astrachan 7 Uhr morgens.
9/21.	»	Abgereist 8½ Uhr morgens. Auf dem Rückwege (das bei der Station Seménowskaja*] gelegene) Schloß des Fürsten Tjuménew.
12/24.	»	In Sarépta. Abreise am Abend. Excursion an den Don von der Staniza Tischánskaja.
15/27.	»	Nowochopérsk.
16/28.	»	Worónesh.
16/28.	»	Von Worónesh ab 8 Uhr abends.
20/1.	»	In Tula (über Jefremow) mittags.
21/2.	»	Von Tula ab 3 Uhr nachmittags.

---

*) In Menschenin's Reisebericht, Gornoi Journal 1830: Särogláfinskaja staniza.

B.

25. September.	Dubówka	316½ Werst.
28. »	Nach dem Elton und zurück .	240 »
	Zarízyn, Sarepta, Tschorny-Jar, Jenotájewsk.	
1. October.	Astrachan	455½ »

Zurück nach Sarepta.

	Nowochopérsk	767 »
	Worónesh	245½ »
	Sadónsk, Jeléz, Jefrémow, Bogoródizk, Tula, Serpuchów, Podólsk.	

A.

22/3.	October.	In Moskau 7 Uhr abends, bis
28/9.	»	daselbst. Von Moskau ab 5 Uhr nachmittags.
1/13.	November.	In Petersburg 3 Uhr nachmittags.

B.

22. October. **Moskau** . . . . 498¼ Werst.

2. November. **Petersburg** . . . . . . 698¼ »
                                    ──────────────
                                    14495   Werst. *)

---

*) Nach Menschenin's Angabe machten die Reisenden in 23 Wochen 14500 Werst, darunter zu Wasser 690 Werst, außerdem auf dem Kaspischen Meere 100 Werst.

Sie waren auf 568 Poststationen und setzten 12244 Pferde in Bewegung.

Die Zahl der Flußübergänge betrug 53,
      darunter über die Wolga . . 10 mal,
           » » Kama . . 2 »
           » den Irtysch . . 8 »
           » » Ob . . . 2 »

IV. Anmerkungen.

Zu Nr. 10, S. 39. Die „Goldstangen aus der Persischen Requisition" beziehen sich auf die Contribution von 20 Mill. Rbl., zu welcher Persien durch den Frieden von Turkmantschai (10. Februar 1828) verpflichtet wurde.

Zu Nr. 12, S. 51. Postscriptum. Durch einen mit Preußen abgeschlossenen Vertrag hatte der Kaiser Alexander I. den zollfreien Transithandel mit schlesischem Tuch nach China im Betrage von 3 Millionen jährlich auf 25 Jahre gestattet. Als nach Ablauf dieser Frist dieser Vertrag, gegen die Meinung Cancrin's, nicht erneuert wurde, schob man begreiflicherweise dem Finanzminister die Schuld zu.

Zu Nr. 25, S. 85. Graf Cancrin blieb fast bis zu seinem Tode Finanzminister. Er trat erst 1844 aus dem Amte und starb am 22. September 1845.

Zu Nr. 27, S. 90. Georg von Helmersen, gegenwärtig Generallieutenant, Mitglied der beiden Centralcollegien für das Bergwesen in Rußland: des Bergconseils und des bergwissenschaftlichen Comités, Director des (in den Briefen mehrfach erwähnten) Berginstituts u. s. w. — Ernst von Hofmann, Generallieutenant, gleichfalls Mitglied des bergwissenschaftlichen Comités u. s. w.

Zu Nr. 28, S. 94, Z. 1 lies „Pyrochlor". Die Stelle ist durch das angeklebt gewesene Siegel verletzt; ebenso eine andere in Zeile 2.

Zu Nr. 34. Ursprünglich beantragte Graf Cancrin (im November 1827) gleich für die erste Ankunft Humboldt's in Petersburg die Verleihung eines der höchsten russischen Orden. Das vorliegende Schreiben bezieht sich auf die ihm nach beendigter Reise verliehene Decoration. Das Ordenspatent lautet nach einer in den Acten des

Bergdepartements vorhandenen, vom Grafen Cancrin eigenhändig corrigirten Uebersetzung:

Von Gottes Gnaden
Wir Nicolaus der Erste
Kaiser und Selbstherrscher aller Reussen
u. s. w. u. s. w.

dem königl. Preußischen Herrn Wirkl. Geheimenrath Alex. v. Humboldt.

Zur Auszeichnung Ihrer von der gebildeten Welt allgemein anerkannten großen Verdienste auf dem Felde der Naturwissenschaften und in Betracht der Beschwerlichkeiten*), welche Sie zu unserem besonderen Wohlgefallen bei Bereisung der Naturschätze des Urals und Altai's*) übernommen haben, ernennen Wir Allergnädigst Sie zum Ritter Unseres St. Annen-Ordens 1ster Klasse, dessen Zeichen, mit der Kais. Krone geziert, Wir hiebei Ihnen übersenden, um sie nach Ordnung und Statuten zu tragen und Ihnen mit Wohlgeneigtheit verbleiben

(Im Original unterzeichnet) Nicolaus.
(L. S.)

In Abwesenheit des Kanzlers der russischen Orden, der General der Infanterie, Fürst Lobanow-Rostowski.

Dem Russischen Original gleichlautend, der Minister der Finanzen, General der Infanterie . . . .

Zu Nr. 41, S. 126. Der erwähnte Bericht Prof. Rose's bildet den Schluß des Actenconvoluts, welches die mehrerwähnten Abschriften von den Briefen Humboldt's enthält.

Demselben Briefe hat Humboldt den nachfolgenden Separatabzug aus einer nicht weiter bezeichneten Zeitung beigefügt:

Ueber die Goldausbeute im Russischen Reiche.

In der Besorgniß, daß mehrere, seit meiner Rückkehr aus dem asiatischen Rußland, durch deutsche Journale verbreitete Angaben über den jetzigen Zustand der Metallproduction am Ural und Altai mir zugeschrieben werden könnten, halte ich folgende numerische Berichtigungen einer öffentlichen Bekanntmachung werth.

Das russische Reich liefert nicht, wie in dieser Zeitung (Nr. 46) behauptet wird, jährlich 52548 Mark Gold (750 Pud) und 240000 Mark Silber (3429 Pud), sondern, nach officiellen Documenten, etwas über 22000 kölnische Mark Gold und gegen 77000 Mark Silber.

Im vorletzten Jahre 1828 war die Ausbeute 1) an Gold im ganzen russischen Reiche 318 Pud (22256 Mark), nämlich auf kaiser-

---

*) Vgl. S. 110 die durch „" hervorgehobenen Stellen.

lichen Werken 115 Pud, auf Privatwerken 203 Pud; 2) an Silber 1093 Pud (76498 Mark); 3) an Platina 94 Pud (6570 Mark). Der Werth dieser jährlichen Metallproduction war demnach an Gold 4,896000 Thlr. Preußisch, an Silber 1,071000 Thlr., zusammen 5,967000 Thlr.

Der Ural allein gab 1826 . . . . . 232 Pud,
1827 . . . . . 282 »
1828 . . . . . 291 »

Die ersten sechs Monate des Jahres 1829 lieferten im Ural, wo neuerlichst wichtige Goldalluvionen im Norden entdeckt worden sind und (unter der obersten Leitung des Finanzministers Grafen von Cancrin) der technische Betrieb sich mit jedem Jahre einer zunehmenden Vervollkommnung erfreut, 1) an Gold: 142 Pud 2 Pfd. (die Kronwerke 46 Pud 8 Pfd., die Privatwerke 95 Pud 34 Pfd.); 2) an Platina: 43 Pud 31 Pfd. Die ganze Goldausbeute des uralschen Berggürtels ist von 1814 bis 1828 gewesen: 1551 Pud (108553 Mark), an Werth über 23,881000 Thlr.; aber die letzten fünf Jahre haben allein von diesen 1551 Pud Gold etwas über 1247 Pud geliefert. Aus diesen numerischen Elementen ergibt sich nun folgende Zusammenstellung für den jetzigen Zeitpunkt:

Länder.	Wirkliche jährliche Ausbeute.	Irrige Angaben neuer Zeitschriften.
Europa und das asiatische Rußland:		
Gold	26500 Mark.	57387 Mark.
Silber	292000 »	457942 »
Das russische Reich:		
Gold	22200 Mark.	52548 Mark.
Silber	76500 »	240000 »

Sollten nicht Rechnungsfehler und falsche Reductionen der russischen Gewichte zu diesen Irrthümern geleitet haben? Zehn große Goldstücke (Goldgeschiebe), welche von 1824 bis 1826 in der Alluvion Tzarewo Alexandrowski bei Miask, im südlichen Ural, auf einem engen Raume gefunden wurden, wogen 2 Pud 34 Pfd. (199½ Mark). Unter diesen Geschieben waren zwei zu 13 Pfd., eines zu 16 Pfd. und eines zu 24 Pfd. 69 Sol. (43¼ Mark) Gewicht. Mit dem letzteren wird in der kaiserl. Mineraliensammlung zu Petersburg ein Platingeschiebe von Nishne-Tagilsk aufbewahrt, dessen Gewicht 10 Pfd. 54 Sol. (18½ Mark) beträgt. Auch unter den vielen

Seltenheiten von Platina und Osmium-Iridium, die gegenwärtig die königl. Mineraliensammlung in dieser Hauptstadt besitzt, wiegt ein Platinageschiebe, welches die Herren Gebrüder Paul und Anatol von Demidoff, Besitzer der reichen Gold- und Platinwäschen von Nishne-Tagilsk im Ural, Sr. Maj. dem Könige verehrt haben, 3 Pfd. 6½ Loth.

Ohne eine genaue Kenntniß der Gold- und Silberproduction zu verschiedenen Epochen des europäischen Handelsverkehrs sind die meisten Discussionen über Geldumlauf und Staatshaushalt grundlos. Die spanischen Colonien in Amerika haben, wie ich an einem andern Orte entwickelt, seit ihrer Entdeckung bis 1803, also in einem Zeitraume von 311 Jahren 3,625000 Mark Gold und 512,700000 Mark Silber geliefert. Während dieser Zeit ist die Goldproduction von Brasilien wenigstens zweimal so groß als die des spanischen Amerika gewesen. Man schlägt sie mit einiger Wahrscheinlichkeit auf 6,300000 Mark an. Aber die reiche Goldausbeute von Brasilien dauerte nur von 1752 bis 1761, wo sie jährlich, nach der Angabe des Freiherrn von Eschwege (den Schleichhandel mitgerechnet) über 48000 Mark betrug. Wie tief diese Goldausbeute seit dem Anfange des 19. Jahrhunderts gesunken ist (unter 2500 Mark), wie der Flor des Bergbaues vom Ural, der gegenwärtige Zustand der Bergwerke in Amerika, die Richtung des südasiatischen Handels und die verminderte Ausfuhr der edeln Metalle nach Asien, auf das Verhältniß zwischen Gold und Silber und die relative Menge der edeln Metalle, als Münze und verarbeitete Waare, gewirkt haben, ist in der zweiten Ausgabe meines „Essai politique sur le Royaume de la Nouvelle Espagne 1827", Th. IV, S. 447—476 umständlich untersucht worden. Als ich die spanischen Colonien verließ, war die jährliche Ausbeute an Silber 3,460000 Mark (in Mexico allein 2,340000 Mark); an Gold 45000 Mark (in Neugranada, dem westlichen Theile der jetzigen Republik Columbia, allein 20500 Mark). Diese Angaben führen zu einer richtigen Vergleichung des Goldreichthums in der Andeskette, im brasilianischen Hochlande und dem Uralgebirge. Das Silber, welches seit drei Jahrhunderten in dem neuen Continente dem Schos der Erde entzogen worden ist, würde, von aller Beimischung gereinigt und zusammengeschmolzen, eine Kugel von 63 pariser Fuß Durchmesser bilden.

A. von Humboldt.

Zu Nr. 42, S. 130. Der Diebstahl an dem Museum des Berginstituts wurde unter folgenden Umständen verübt. Man fand eines Morgens aus einem geöffneten engen Luftfenster einen der langen, durch die Säle laufenden Fußteppiche hinausgehängt und in dessen

zusammengeschlungenem Ende eine Auswahl von kostbaren Cabinet=
stücken an gediegenem Golde und Edelsteinen. Das Zeug hatte
augenscheinlich nur eben so weit gereicht, um dem Diebe die Flucht
durch einen Sprung zu ermöglichen; zu dem geraubten Schatze aber
hatte er dann nicht mehr hinauf gelangt. Immerhin wurde im
Museum ein Defect von einigem Betrage bemerkt, ohne daß der
Thäter ermittelt worden wäre.

Druck von F. A. Brockhaus in Leipzig.

www.ingramcontent.com/pod-product-compliance
Lightning Source LLC
Chambersburg PA
CBHW030121240426
43673CB00041B/1360